岛上学校

李海林　著

上海教育出版社
SHANGHAI EDUCATIONAL
PUBLISHING HOUSE

图书在版编目（CIP）数据

岛上学校 / 李海林著. — 上海：上海教育出版社，
2019.5（2020.4重印）
ISBN 978-7-5444-9096-2

Ⅰ. ①岛… Ⅱ. ①李… Ⅲ. ①上海新纪元双语学校—
学校管理—概况 Ⅳ. ①G639.285.13

中国版本图书馆CIP数据核字（2019）第090023号

策　　划　源创图书
责任编辑　董　洪
特约编辑　吴法源　郭晓娜
责任印制　梁燕青
内文设计　许　扬
封面设计　奇文云海

Dao Shang Xuexiao
岛上学校
李海林　著

出版发行　上海教育出版社有限公司
官　　网　www.seph.com.cn
地　　址　上海市永福路123号
邮　　编　200031
印　　刷　北京东君印刷有限公司
开　　本　710×1000　1/16　印张　15.25　插页　1
字　　数　190千字
版　　次　2019 年 6 月第 1 版
印　　次　2020 年 4 月第 2 次印刷
印　　数　6, 001—9, 000 本
书　　号　ISBN 978-7-5444-9096-2 / G · 7515
定　　价　68.00元

如发现质量问题，请向本社调换　电话 021-64377165

目录

第三辑 “月度微论坛”背后的故事

第四辑 学校的伤痕

第五辑 圈内人密谈

写在前面的话

创办一所新学校，尤其是创办一所民办国际学校，历程非常艰辛。我有一个习惯，每当自己受到莫大挫折，或者找不到出路，甚至陷入困境，总之是内心非常痛苦的时候，就会坐在电脑前敲下一个个字。有的时候是梳理自己混乱的思绪，有的时候是记录当时的具体情形，有的时候则是直接抒发自己的愤懑，总之就是随心所欲，尽兴而为。有意思的是，虽然每次总是乱糟糟、气呼呼地坐下，可写着写着，思绪就开始平静下来，慢慢感觉到自己刚才的一些想法是片面的、情绪是偏激的，慢慢看到自己哪些地方做得还不够老练、哪些地方做得已经失了火候。总之，一旦情绪平静下来，就开始反思自己而不是一味怪罪他人。慢慢地人也有点儿累了，就关机休息。这样，在我的电脑里，就留下了许多或长或短的文字。其内容常常不怎么清晰，逻辑也有些混乱，却真实地反映了我当时的思考和心态。

心情好的时候，我会随机打开一些看看。一来觉得有的写得还有点儿意思，二来觉得文字这么乱，看着不舒服，就会随手整理整理，修改修改。往往是加一个开头，补一个结尾，分一下段落，改一些文字，当然，有些情绪失控时写下的东西也要做点儿调整。当时写的时候，也不完全是写给自己看的。每次动笔，心里都会想象可能的读者对象——有的时候是学校的老师，有的时候是家长，有的时候是学校投资方的领导；有的时候我会假设有专家在听我说，有的时候则想象自己在对朋友倾诉。这是我的一种写作习惯，也是一种明确的“读者意识”。我是写给谁看的？这个问题明确后，我才能写得出来东西。读者越明确，我的思绪越具体、越顺畅，文字也越有生气。

所以本书其实是纪实。但重点不在记事实之实，而在记心态、思想之实。书中所写的每一个具体的情境、每一点儿想法、每一点儿困惑、每一点儿反思，都是真实的，甚至都带有当时、当地的原初气味，不矫揉造作，也不刻意遮蔽。至少，可以作为个案，供有兴趣的人来参照，以此见识到当代中国教育的一个面向。我想，这个意义似乎是有的。

参加教育工作至今已经整整35年。常有朋友说我太不安分，始终在变换着身份，在不同性质的工作之间切换，而且是反复切换。我要说，这并非都出自我的本意。我更愿意沉浸在某一种工作情境中，深耕细作，在某一特定领域做出点儿有价值的事来。但实话实说，若把我放到某一具体的情境中一段时间，我总会对自己的现状有这样或那样的不满意，总想去尝试一下未知的东西，而且似乎越是未知的，对我来说越有吸引力。我总觉得，在那不熟悉的情境中，存在着自己尚不知晓但很奇妙的东西；在尚未尝试的领域里，可以获得别人尚未发觉的奥妙与尚未见识的精彩。人可能就是这样。但对我而言，这恐怕不是一种最好的人生状态。我曾反思过这种状态，认为这是自己定力不够的表现，我现在的感觉仍是如此。但俱往矣，假如人生可以重新选择，我可能不会走这样一条路。

可此时此刻，我的热情在民办教育上，因为中国教育改革的希望，至少有一部分在民办教育上。倒不是因为民办教育本身有什么神力，也不是因为民办教育现在搞得多么好，而是因为它有一种结构的力量，能够与公办教育相互启发，相互补充。可惜的是，现在大多数民办教育中的人，多在求生存的道路上苦苦挣扎，而以大任肩负于自身并奋勇前行的人，不多。

我任校长的这所学校，坐落在上海市美丽的崇明岛上，所以林茶居兄建议我把这本创校纪实命名为《岛上学校》。我知道美国作家加布瑞埃拉·泽文的《岛上书店》很有名，当年在书店里一看到它腰封上写着的那句话——“每个人的生命中，都有最艰难的那一年，将人生变得美好而辽阔”，就毫不犹豫地买回来读。这本小说其实情节很平淡，但清晰地让我感受到了，爱与被爱的能力、付出与接受的意愿，能够将孤独、绝望的我们拯救。我在崇明岛上断断续续地读完了它。每次可能只读一小节，下次读的时候，也不一定是接着读，而是随意翻到任一处读起来。我要的是那种感受。有了这种感受，那些平静而艰难的日子，就有了诗意。

因为工作繁忙，创校工作需要全力投入，我平时都是住在岛上的，只在周末时才回到位于浦东的家中。每当夜深人静的时候，我都

会在校园里做最后一次巡视。学校地处崇明岛国际生态园区，空气中有着淡淡的清香。清朗的日子里，可以看到月亮和星星。这是在城区学校里很少能看到的夜景，或者即使看到，也难有这么静谧的体验。这个时候，我对我们学校是一所岛上学校就有了很清晰的感受。最后我将书名定为《岛上学校》，是想把这种感受也传达给我的读者。

谨以此书献给徐鸿女士和徐可道小朋友。为了这所岛上学校，我陪你们的时间太少。

2018 年 7 月 2 日

我现在才明白一个道理，一所学校未来怎么走，能走到一个什么样的境界，其实在很大程度上，是由她最初的时刻，也就是在初创期遇到的问题，以及解决这些问题的过程决定的。遇到的问题不一样，解决问题的抉择不一样，她将要走的路就不一样。在解决这些问题的过程中沉淀下来的东西，就这样浸入这所学校的肌体和血液，成为她的 DNA。

人是一种奇怪的动物，很容易忘记快乐，却常常将痛苦铭记终生。办学校也是如此。那些曾经折磨过学校创办人的困难，以及随之而来的焦虑和痛苦，就成为这所学校难以忘怀的记忆。她就这样带着这些记忆一路走来，将自身的氛围和风格确定了下来。

现在，我读着这一辑里的文字，一方面为当时的激情所感染，另一方面无来由地从字里行间看到了当时的一种心态，一种我称之为迷茫的情绪。是的，迷茫。我想把它如实地呈现给我的读者，让大家知道，创办一所民办学校，首先遇到的挑战，可能不是来自外界，而是来自自己。

第一辑

学校的 DNA

一切源于热爱

2015 年 6 月，我就任上海新纪元双语学校（以下简称“新纪元”，英文简称“NEBS”）校长。实话实说，对如何办这所学校，我当时一点儿想法也没有。我 30 多年的教育生涯，一半是在大学度过的，一半是在中小学度过的。在中小学的这十几年，又都是在公办学校里。我待过的两所中学都是成熟的学校，我接手做校长的时候，什么都是现成的，沿着过去学校早已形成的道路继续往下走即可。我要考虑的，只是将学校的理念发扬光大，不要走偏。但在“新纪元”，一切都要从零开始。刚开始的几个月，自己对于下一步发展路径的认识，其实是不清晰的。

但是，当时我和我的团队有一种宝贵的财富，就是热情。2015 年 9 月，我曾写下一篇短文《一切源于热爱》。3 年多过去了，我现在回过头来看，还能被当时自己那洋溢的热情感动。是的，当时我们一无所有，但我们有满满的热情。我们就是凭着这份热情，创办了这所岛上国际学校。

上海新纪元双语学校的办学宗旨可以用一句话概括：一切源于热爱。

在上海，在美丽的崇明岛，我们这样一批来自世界各地的专业人士，怀揣着梦想聚到了一起，创办了这样一所 12 年一贯制的国际化学校。我们缘何而来？我们因何而聚？我们因热爱孩子的灿烂笑容、热爱教育的圣洁美好而来，我们因热爱学校的纯净书香而聚。

我们热爱孩子，我们热爱与孩子在一起的时光，我们热爱陪伴孩子一天一天成长。在这样的陪伴中，我们能够感受到内心的宁静和专业的力量。我们热爱家长殷切的目光，当他们把孩子的手交到我们的手里，当我们如此切近地看到父母之爱的光芒和人性至美之时，我们有一种崇高的使命感，我们愿意与他们一道，陪伴孩子成长。

我们希望，孩子走进这个美丽的校园，第一眼就能爱上这所学校；看到我们的老师，第一眼就能爱上他们脸上的笑容。我们希望，孩子来到这所学校，能爱上这里的校园生活，并由此爱上这个世界。我们坚信，没有什么力量能比热爱更能激起持久的动力，没有什么力量能比热爱更能温暖孩子的心灵。孩子们来到这里，是来学习如何热爱这个世界的：如何热爱生活和工作，如何热爱知识和真理，如何热爱科学和艺术，如何热爱亲人和朋友，如何热爱自己。这就是我们的使命！

在“新纪元”，心怀热爱之情，既是我们挑选与培养教师队伍时最重要的准则，也是我们认定的孩子成长的内在标准。我们想办一所有内涵的学校，这个内涵就是：她的一切，均以热爱为标准，均以热爱为归宿。

在我们的心中，热爱是人类理性与感性的高度统一；热爱是一种激情，但有着持久的力量；热爱是一种痴迷，因为它寄托着人的信仰。热爱把人性至美发挥到极致，把人性力量推到高峰。热爱着的人，是美丽的；热爱着的人，是有力量的。所以，当有人问我们热爱什么时，我们的回答非常坚定：我们热爱“热爱”。

如果你认定我们的理念，欢迎你加入我们的团队；如果你相信我们，请把孩子交给我们。以长者之心呵护孩子的心灵，以专业精神成就家长的梦想，这就是我们的承诺！

我们学校2号楼进门大厅的墙壁上有这样一句话:“在一起，走更远!”我把这句话献给每一位看到这篇致辞的人。

2015年9月

我想干什么

2013 年，我辞去上海市洋泾中学校长之职，来到上海师范大学教育学院做教授，主要研究方向为课程与教学论。2015 年，我又辞去教职，应上海新纪元教育集团董事长陈伟志先生之邀，出任上海新纪元双语学校校长。

对于我的第一项变动，同事、朋友和领导都没有表现出诧异，大都表示了理解和支持。但对我的第二项变动，大家都不约而同地问了我一个问题："你想干什么？"

最初的那一刹那，我真的一句话都说不出来。辞去大学里的教职，到一所民办学校任职，对我而言，是一个非常大的决定。从第一次接触投资方，到最后决定，经过了三个多月的反复权衡和思索。一张白纸上好画最新、最美的图画，可这个过程中要经历的艰难困苦，我是知道的。但最后我毅然下定决心，没有任何畏惧，从入职的第一天开始，就全身心地投入学校的创建过程。

不过，我的确要对自己说清楚，我来到"新纪元"，到底想干什么。这个选择，对我，对我将要主掌的这所学校，也包括学校的投资方，到底意味着什么。

/ 我想办一所有温度的学校 /

从大学毕业到现在，我已经在教育系统内工作了 33 年，包括中学、大学和教育行政部门。如果要用一句话来概括我的职业感受的话，这句话再简单不过：“学校不应该是这样子的，教育不应该是这样子的！”学校是干什么的？是培养人的。可为什么有些学校看起来是那么的冷冰冰？现在很多学校，从校长到教师，从学生到家长，到底在看什么？一句话：“分数。”分数的高低决定了学生的优劣和学校的好坏。但是，在这些简单的分数后面，多少复杂的细节、多少具体的情境、多少生动的过程，都被忽略了，可这些丰富的内涵是多么重要。学生是一个个鲜活的生命，怎么能用这些冷冰冰的数字来承载和表征？学校的发展、学生的成长是非常复杂的过程，但是在这样简单的数字面前，这一个复杂的过程简直脆弱到了不堪一击的程度。这样的学校，给人最深的体会，就是冰冷，其最大的特征，就是不关心孩子内心的需要、内心的成长过程。孩子快乐吗？孩子有成就感吗？在学校的每一天、每一堂课，在学校获得的每一个分数，老师对他说的每一句话，给他带来怎样的感受？是如何影响他的内心世界的？有哪些甚至会影响到他的一生？这些对孩子最重要的东西，在一些学校，变得最不重要，校长、老师，甚至家长，都不在乎。我觉得，真正的教育，绝对不应该是这样子的。

你们要问我，我到“新纪元”这所学校来干什么？我的回答是：“我不想颠覆什么，也不想创造什么，就想让我主掌的这所学校有点儿温度。”我最关注的，是孩子的心灵健康。我曾做过大学教授，但我不准备凭这十几年当教授修炼来的东西办这所学校。我就准备凭我的本性、我内心的感觉来办这所学校。小学一年级的孩子来了，他们这么小就住在学校里，会不会照顾自己？天气冷了，洗澡的水够不够暖？想爸爸妈妈的时候怎么办？吃得下学校的饭菜吗？每天是否喝够了水？怎样保证他们喝到的是绝对卫生的水？教室里、寝室里的家具有太多尖尖角角了，碰到了怎么办？教室有门，寝室有门，卫生间也有门，孩子们在开门、关门时夹到手怎么办？楼梯转弯处的空隙差不多有 15 厘米，万一有孩子调皮，把头钻进去怎么办？……这些地方，不需要什么教育理念，也不需要什么教育理论，只需要一颗温暖的心。这样的心，校长要有，教师要有，职工要有，没有的人，不要进来。

"新纪元"的每位老师，都学会了面对孩子微笑，习惯了给孩子拥抱。这是我对他们的期待。只要见到学生，就要发自内心地微笑，因为以审美的态度来看孩子，是教师不可缺少的职业素养。因为孩子是我们的审美对象，所以我们看见孩子，就会发自内心地喜欢，自然就会微笑。孩子在学校难免犯错，犯了错老师要批评，这是学校里常有的事，是不可避免的。现在在许多学校，孩子犯了错误老师不敢批评，这是对孩子的放弃，是不足取的。但在我们学校，如果哪个孩子犯了错误、挨了批评，老师就要在这个孩子放学或者回寝室的时候，真诚地拥抱一下他。我们的老师告诉我，拥抱了学生，自己也好像获得了一份温暖。是的，我要的就是这样的感觉。

/ 我想办一所负责任的学校 /

在中国，有一些学校的老师和校长看上去是非常负责任的。老师加班加点，校长反复告诫学生，不认真学习就考不上大学，就没有前途。有的校长说得更吓人，不认真学习，今后就会低人一等，就永无翻身之日，吃得苦中苦，方为人上人。这些事情家长们看在眼里，感激在心里。这样的学校，往往是当地最火的学校，家长们削尖脑袋也要把孩子送进去读书。

但我是一个教了 33 年书的教师，深谙其中奥妙。很多情况下，这样做往往不是对孩子负责，而是出于其他利益的考虑。这些老师、校长其实是明白的，一个孩子要想获得真正的成功，德、智、体、美、劳全面发展才有可能，一个孩子只是成绩好，而情商不高，今后很难成功，可他们却直接以做人上人这样陈腐的观念来教育孩子刻苦学习。一个人的心灵被扭曲成这个样子，连做人都成问题，还谈什么成功？这样的例子还少吗？还不振聋发聩吗？这样的学校其实是最不负责的学校，这样的老师和校长其实只对学生的考分负责，至于学生是不是真正学到了知识，是不是真正学到了管用的知识，除了知识之外是不是还要学其他东西，是不是真正得到了人生的发展，这些问题，他们是不管的。

我们要办一所负责任的学校，说的是对学生的一生负责。一所学校办得好不好，要看学生在学校学到的东西对他 10 年以后、20 年以后的成长起到了什么作用。但是到 10 年以后、20 年以后，我们如何根据学生的发展来评价学校？这在教育管理的范畴内是无法进行的，是没有可操作性的。教育管理的可操作的范围，只能是学校当下的所作所为，以及当下做出来的可以看得见、摸得着的东西。于是就产生了两个标准：一个是真正有价值的标准，即长期的标准，也就是我们在这里所说的学校教给学生的东西在他今后的人生发展中起到的作用；另一个是短期标准，即学校当下做了什么，以及学校所做的事在学生身上可以立即看得到的东西。这两个标准可能有统一的地方，但更有可能存在不一致甚至互相冲突的地方。对于学校来说，短期标准也是需要的，因为长期标准与短期标准也有相统一的地方。对于长期标准，社会可能没有直接的评价，甚至连间接的评价也没有，但一所真正对学生负责任的学校，要有教育良心，要有自我约束。一方面，我们要抓住短期评价；另一方面，凡是对学生未来发展有益的事，即使无法通过短期评价来体现，我们也要一样重视，甚至要更重视。对于一所学校来说，什么是教育良心？这就是教育良心：对学生的一生有益的事，不管别人知不知道，我们都要尽心尽力去做并做好。

对于孩子的一生来说，什么东西至关重要？当然是知识，所以“新纪元”要认真教好知识。但是除了知识之外，还有太多更重要的东西需要他们去学习。决定一个人的人生格局的是什么？是德行。我们不会开设一门或几门课来给孩子说教，我们会用我们办学的实际行动告诉学生：做人要诚实。我们要在学校树立一个价值观：学问、专业是值得敬畏的，要做一个有学问的人、一个有专业知识的人，今后要凭自己的本事闯天下。做人要有力量，这种力量感首先来自体魄，因此我们要培养孩子找到自己终生喜爱的健身方式。一个人的魅力，在很大程度上体现在社会交往的礼仪、待人接物的规矩上，所以我们把礼仪教育放到与德行、学问、体魄同等重要的位置。虽说当今时代是一个非常重视科学的时代，但是在现实世界中审美无处不在，因此美学教育也是我们着眼于孩子未来发展而设定的一个重要的价值坐标。

德行、学问、体魄、礼仪、审美，就是我们为孩子终生负责而设立的五个价值坐标。我们认为，一个人要想成功，有一个幸福的人生，这五个方向是要保证的。学校的所有工作，都是围绕这五个价值点展开的。在“新纪元”，我们是要挑选家长的。挑选家长的什么呢？不是他们的财富，也不是他们的社会地位，我们挑选家长的唯一标准，就是他们是否认可我们关于人生、关于成功、关于幸福的理念。一句话，就是他们是否认同我们的价值观。

/ 我想办一所适应孩子的学校 /

可以说，自从学校产生以来，就没有适应孩子这一说法。自古以来，孩子都是被要求去适应学校的，教育学理论称之为“社会化”，也就是按社会标准把孩子塑造成为符合社会要求的人。可是实际上，这是不可能真正做到的。因为对于社会标准，每个人的理解都不一样，也没有一个统一版本的“社会标准手册”可供每一位领导、校长、老师来参照执行。所谓“社会标准”，大都是办学校的人所理解的社会要求。这样一来，所谓“适应学校”，其实大多就变成了适应领导、适应校长、适应老师。让一个活生生的孩子，通过长期的、系统的、细致的规训，最后变成一个符合他人标准的人，这绝对不是教育的本质。

教育的主要目的是什么？是促进人的发展。人的发展有两个维度，一个是社会的维度，一个是个人的维度。所谓“人的发展”，就是个人与社会的对话。孩子按照自己本来的样子发展，在不同的发展阶段，会参与各种社会活动，然后感受到社会的要求、社会的期待，并对这些要求和期待做出符合自己本性的选择。他可能选择社会要求的东西多一些，自己本性的东西少一些，也可能选择自己本性的东西多一些，社会要求的东西少一些。但不管怎样，这种选择一是以“我”为主，二是将社会要素和个人要素结合。在这个过程中，学校是什么？学校是让他与社会对话的场所，更是给他的个性发展提供舞台、让他的个性得以飞扬的场所。学校以教育的方式将社会要求呈现给学生，同时以教育的方式保护学生的个性。这二者缺一不可。

一所学校用统一的课程、规范和标准来规训孩子，看他们有哪些方面没有达到学校的标准，哪些方面与学校的标准不符合，然后把他们装到学校的这个系统里去，不达标的补，不符合标准的修，几年以后，他们都达到了这个标准，就成功了。这样的学校说到底是很容易办的，只要有足够的资源即可。但是现在我们想办这样一所学校：孩子是各不相同的，我们不去找孩子在哪些方面跟我们的标准不一样，而是去找孩子有什么优势，有什么潜力，我们的任务就是激发孩子的潜力，帮他们把优势、长处发挥到极致。坦率地说，我们不准备对孩子修修补补，只想最大限度地激发孩子的潜力。我们的立场是，学校不是“以学校为主”的，而是“以学生为主”的。我们的工作思路是，孩子有什么潜力，我们就尽可能准备相关的资源，包括课程、教师、教材、评价标准、设施、实践场地，以及其他必要的支持。在学生成长的道路上，我们关注着他们，为他们指明可能的方向，告诉他们走到了哪一步，并为下一步的发展做好什么样的准备。

我把学校分成两种。一种是所谓“修正型”的学校。就是看学生是不是符合学校的标准；不符合，就修正他们，让他们符合学校的标准。另一种是所谓“滋养型”的学校。这样的学校是适应学生的，它不准备修正学生什么，只是为学生的发展提供滋养。我们不准备做前面那种学校，我们想要做后面这样的学校。

办一所这样的学校，其实是非常难的。第一是观念上的挑战。“以学生为本”，说起来容易，做起来非常难。“以学生为本”不应仅仅停留在重视学生的意见、尊重学生的人格这样的层次上，而应赋予学生学什么、怎么学的选择权：学什么，由学生选择；怎么学，由学生选择。那老师干什么呢？指导，建议，评价，提供资源。第二是对学校办学资源的挑战。学校要有足够的预备选项，要为每个学生的选择提供足够的课程、教师、教材、设施、实践场地等。这意味着，学校对资源的需求就会成倍增加。第三是对学校结构和工作机制的挑战。我曾专门实地考察、研究过美国的学校，发现中美教育最大的不同（也是中国学校与美国学校最大的差距）是学校的工作机制。中国学校的工作机制是：我准备好了这一切，学生来了，“按规矩来，照标准做”。美国学校的工作机制是：我准备好了这一切，学生来了，“你想做什么，请你选”。比如学校课程，美国学校将其分成很多类型，学生可以自由选择，可以自由组合自己的课表，这就是美国学生每人一张课表的来源。“所有学生一张课表”和“每个学生各有一张课表”，代表着两种本质不同的学校。这两种学校的工作机制也是完全不同的。第四是对教师专业水平的挑战。教师不再是按部就班的“上班族”，不再是按标准定制的“工程师”，而是研究者、对话者，研究每个学生的不同，与每一个具体的学生对话。

/ 美式教育，中国灵魂 /

仔细算算，我充其量还有 10 年的工作时间。我的梦想，就是在有生之年，基本办成我理想中的学校。我知道，单靠我一个人的力量是不可能实现的。我知道，其间会有无数的困难和考验。但是我有梦想，我要努力。我觉得我不追求梦想，我不努力，我会后悔。

我和我的团队花了整整三个月时间，做出了学校的发展规划。当前我要做的核心的事有两项：一是确立学校的文化，一是确立学校的课程。

“新纪元”以“美式教育，中国灵魂”为文化品牌。为什么要提“美式教育”？是不是崇美？会不会有人提出不同意见？我们也在思考。我想说明的是，做出这一选择是以我对美国教育的深入研究为前提的。我曾在教育科学出版社出版过一本研究美国学校的著作《美国中小学课堂观察 —— 一位教育学教授的笔记》，系统地研究过美国学校的具体工作机制。我的结论是：美国学校已经形成了一套“固定形式”，包括学校管理方式、课程设置与评价方式，以及教师队伍管理方式。这套“固定形式”体现了美国教育真心实意重视学生个性发展的特点。他们重视学生个性发展这一点与我们学校的理念是完全一致的。我们不惧怕别人说什么，我们要大胆地引入，真诚地学习，勇敢地超越。我们不会因为担心有人说我们“哈美”就放弃认定的教育理念。

美式教育，中国灵魂，这两者的结合点在哪？我觉得就在学生个性发展这个关键词上。在我的教育观念中，热爱学生，就要保证学生个性的充分发展，所有不以学生个性发展为中心的所谓教育，都是对学生的压迫。不管出于什么美好的期望，不管寻找到什么动听的词语来装饰这种教育，最后的结果都是对学生的摧残。教育的本义不是“改造”，而是“寻找”。教育不需要把学生的个性改造成为教师认为的更好的样子，而是寻找学生的个性之美，成就学生的个性之美。而美式教育有一套完备的形式来保证学生的个性发展。我们说“教育之本在热爱学生”，但这句话不应该只是一句口号，甚至不应该只是一种观念，教育的实践性要求我们必须将这种理念转化成具体的工作机制。而美式教育的这一套工作机制，就是最值得我们学习的地方。

我在大学里是教课程论的，我终生研究的领域也是课程论，但我把“新纪元”发展的主力战略放在课程上，倒不完全是因为这个。

课程在学校的重要性不言而喻。学校其他方面的工作，最后都要落实到课程上；学校其他方面的工作成果，最后也都要通过课程来承载。抓住了课程，就抓住了学校工作的核心。但客观地说，中国教育与发达国家教育最大的差距，正在课程上，包括课程建设和课程管理两个方面。我认为，对民办学校而言，所谓办学自主权，所谓机制优势，其核心正体现在课程建设和课程管理的自主权上。我清晰地意识到，我正可以在这方面大下功夫，大有作为。所以在学校发展规划上，我明确了“以课程取胜”的学校发展主要策略。

我的最终目标，是融汇中西课程之长，建设世界一流的涵盖小学、初中和高中的 12 年一贯制课程体系。这一目标听上去似乎有点儿大，但如果没有这一目标，基本上我就没有必要来“新纪元”。换句话说，我来这里的主要目标，就是通过 10 年左右的努力，建设一个世界一流的中小学课程体系。或者准确地说，做出一个这样的学校样本！我一辈子研究中国中小学课程体系，对中国中小学课程的利与弊都有自己的判断。我曾在中国三个省市的中小学长期从事课程与教学工作，有一线工作的丰富经验。我曾在美国、加拿大、日本、澳大利亚，以及中国的台湾和香港研习，考察他们中小学课程体系的理论及实践。我的一个结论是：关于中小学课程，研究的人多，发议论的人多，但愿意投身到艰难的实践中，一步一步、一点一滴地把一个理想中的课程体系做出来的人不多。用 10 年时间，带领我的团队，亲自设计、实践，打造出一个活的、实在的中小学课程体系，就是我的梦想。对于研究者而言，我在做他们想做而没有条件做的事；对于一线的中小学管理者和教学者来说，我在做他们做起来可能更困难的事。在我的有生之年，我只要做成这一件事，虽死无憾。

我不要目前小学的这种分科课程。理由很简单，分科是成人世界的图景，甚至还不是一般的成人世界的图景，而是一少部分成人世界的图景。用这一少部分成人世界的图景来教小学生认识世界，是滑天下之大稽。学习是多么有意思的事，但为什么小学生都没有从中感受到快乐？这不是方法的问题，而是教学内容的问题。这个内容与小学生感受到的世界不一样。正是基于这样的考虑，一些有见识的教育工作者正在探索“主题课程”，就是将小学生学习的内容，分成一个个主题，围绕这些主题来组织小学生要学的知识。我认为，主题还是太抽象，对各式各样的主题，说到底还是成人的解释。我要建设的，是一个“情景化的小学生课程体系”。小学生遇到的世界，其实是一个个“情景”，我们以这些情景串起我们的教学体系，将学生带入他们经常遇到或将要遇到的一个个生活情景中，把学生要学的知识隐藏在这些情景中。那将是一个多么生动有趣的世界！这是学生的世界，也是我的世界，是我的课程世界。

我承认目前初中课程这种分科的必要性。在此前提下，我要推广综合化。区分不同学科的最核心的因素有两方面，一方面是研究对象，另一方面是思考方式，这也是更重要的方面。分科学习对掌握不同的思考方式大有好处，但不同的思考方式本身并不是价值自足的，思考方式只有用来思考问题时，才是有价值的。我所谓的“综合化”，是指在从分科学习中获得了不同的思考方式的前提下，综合运用不同的思考方式，思考一个问题，或者说，针对一个问题，运用不同的思考方式来研究、探索、分析与讨论。如果说，小学课程，重要的是教小学生感受这个世界，那么初中课程，重要的是教中学生分析这个世界。综合化不是不分学科，而是要在学生掌握不同学科的思考方式的前提下，养成用不同学科的思考方式来研究问题的思维方式。例如，我们会在高年级设置“中东问题”章节，利用地理、历史、政治、经济、心理等学科的概念和工具来讨论，达成综合化的教学目的。初中课程是我的工作重点。初中课程改革，会极大地提高初中教学效益。其关键是，让刚刚开始睁开眼睛惊奇地看世界的初中生，接触到理性的认识世界的方式，并养成可以贯穿一生的理性思考习惯。

高中课程则要坚决地“拔高”。高中课程在中国处于一种奇怪的状态。一方面，奇难。知识量、知识概念、知识体系，都明显难于许多国家的高中课程。另一方面，又非常“小儿科”，与美国、英国这些教育比较发达的国家相比，我们高中生的视野、胸襟、见识、思维能力，明显要低，有的时候甚至是傻。为什么会呈现这样一种状态？原因很简单。一方面，我们是把成人世界结论性的东西，一股脑灌输给学生，让其掌握。成人世界的东西，都是在特定背景下形成，并与特定背景相关联的；脱离这些背景性因素，学生理解起来就会非常困难。另一方面，我们又从不把如何从特定背景中总结、抽取知识的过程和方法教给学生。对于成人世界来说，真正高大上的、有含金量的不是那些知识，而是生产知识的过程和方法。但就是这个最宝贵的东西，我们在高中课程中又舍不得教给学生。“新纪元”的高中课程，要降低知识本身的内容，但生产知识的过程和方法，我们要成批量地教给高中生。这就是我所谓“拔高”的含义。我相信，这种不以知识体系为特征，而是以知识生产为特征的高中课程体系，将是未来世界最需要的高中课程体系。我要用这样一套高中课程体系与世界最优秀的课程体系对话。

2015 年，我辞职来到“新纪元”，想干什么？用一句话来回答：“我想在实践上真正实现自己的理想，我想在一所具体的学校里，把我在专业上的一些经验和研究成果真正做出来。”对，“做出来”就是我想干的！

“做出来”是我的口号，也是“新纪元”的口号。我认为，这也正是中国教育的当务之急！

2016 年 3 月

一所刚办了一年的学校有校史吗

一所刚办了一年的学校有校史吗?

有!

2016年6月，上海新纪元双语学校一周岁了。这一学年，我们只有区区40多名学生。但下学期，将有近400名新生进入校园。在6月底举行的新生家长大会上，我向家长们逐个介绍了学校的老师。会场设在刚刚装修好的学生大剧场，在30平方米的超大LED屏幕上，我把老师们的“绝美照片”逐一播放给家长看，同时展示他们的简历。他们要么是名校毕业，要么是经历非凡，其中还有十几位外教。每翻一页PPT，都会引来台下家长们的一片惊呼。会后家长们一片赞美之声，赞扬我们的老师人美、学历高，称赞学校的外教多。

我站在宽大的舞台上，确实是非常自豪的。这些从世界各地汇聚到“新纪元”的老师，大都有着扎实的专业技能和丰富的海外教育背景。而且，用家长们的话说，颜值也爆棚。

但实话实说，作为校长，短暂的得意过后，我深深知道，我的压力不轻。

这是一支年轻的队伍，很多老师是刚毕业的研究生，没什么经验，要想让他们成为成熟教师，未来还有很长的路我要陪着他们走。

这是一支复杂的队伍，成员的人生经验有着很大的不同，他们的价值观显然存在许多细微但重要的差别。这些差别，会导致今后工作中产生很多分歧，甚至冲突。

最重要的是，他们中的大部分人对这所学校，并没有像我和创始员工这样陪伴她、呵护她共同成长的经历。在我心中，这个校园里的一草一木都是我和创始员工的心血，但在这些新老师的眼中只不过是平凡的花草。他们不知道这所学校的故事，他们不知道这一年我们是怎么走过来的，他们不可能有如同我一般的对这所学校的感情。因此，他们就不会明白，我们为什么要特别坚守一些东西，一些信念性的东西；不会明白，我们为什么会特别看重一些东西，一些看上去并不那么重要的东西。

到了期末，学校要放假了。我留下学校初创时的原班人马，一共 26 人，开了一整天的会。会议内容就是回忆这一年我们是怎么走过来的。每个人都要讲一讲这一年中自己最难忘的故事。

—— 第一次“家长开放日”，只来了一位家长。我们全体老师陪着这一位家长听完校长的宣讲。

—— 去年 7 月中旬，第一位外教来到学校，但学校为外教准备的宿舍还没有装修到位，我们只好让外教住了一个月的酒店公寓。

—— 离开学只有不到一个月时间，工程部门承诺建好的食堂还没有完工，学校只能开设临时食堂，但临时食堂的卫生许可证又迟迟没有批下来，全校上下心急如焚的那种感觉，可以说不堪回首。

—— 开学的那一天，第一位学生在家长的陪同下来到学校。大理石刚刚铺好，工人在前面用水管冲洗路面。学生和家长顺着刚冲洗出来的路，拖着行李箱走进宿舍的大门，在走廊上留下了一长串湿脚印。

—— 校园里的绿化还没有完工，一位家长为了赶近路，直接从刚铺了草皮的绿化带走过去。绿化带上的一个井盖是工人临时铺的一块石板，是不能踩的，结果家长一脚踩上去，石板断裂，家长跌了一跤，把腿磕出了血。校长在对讲机里听到有家长摔倒了，连忙赶过去，蹲在地上为家长擦拭血迹。

—— 学生全部到校的那天下午，家长正在为学生办理入学手续。时值 9 月初，热浪滚滚，突然学校的变压器冒出黑烟，烧了，全校断电。紧急从城里调来新的变压器，却被告知，换变压器至少需要四个小时，而当时已经是下午四点多钟，这就意味着，全校师生将不能及时吃上饭、点上灯。

—— 第一个晚上，学校领导和班主任几乎彻夜不眠，不断收到报告，有学生感冒了，有学生吃不下饭，有学生想家了在哭。校长、老师把学生接到自己的房间，把床铺让给他们，自己睡到地板上。

…………

在这个总结会上，老师们讲自己的故事，讲同事的故事，讲最难的事，讲最得意的事，也讲最有意思的事，还讲最温暖的事。所有老师都哭了。有好多事，我也是在那一天才知道的。

我坐在会议室里，真的是心潮澎湃。作为校长，我的感觉跟大家是一样的。这一年，我们总处于焦虑中。有的时候，我们也会埋怨，甚至对自己的选择也动摇过；但更多的时候，我们是在奋勇前行中，不断地告诫自己和同伴：我们正在做一件愿意做、喜欢做的事，我们是怀揣着自己的理想汇聚到这里的，我们的目标就是办一所心目中最美的学校、最受学生喜爱的学校。这一切，都要在我们的手中实现。我们经历的这些艰难，是创业者都要经历的。一年过去了，当我们回过头来看的时候，毕竟，还是欣喜多于沮丧，慰藉多于难过。

我突然意识到，这一年，我们的内心经历了太多，不能让它们就这样悄悄流失，而应该记录下它们。它们是这所学校的历史，也许还是最重要的历史。我跟伙伴们商议，决定为我们这所办了一年的学校写一个情景剧。结果只用了一个晚上，我们就写成了。

2015，我们共同走过的这一年

第一章　序幕

王虹:（走上舞台）（叙述性地）我叫王虹，是上海新纪元双语学校的一名语文老师。我是复旦大学研究生，2015年毕业后，来到了崇明岛，加盟“新纪元”，成为一名“新纪元人”。一年过去了，我很庆幸我当初这样选择。（背景：复旦大学、王虹毕业照等）

学生:（走上舞台，走到王虹老师身边）我是王虹老师的学生。我要告诉我的爸爸妈妈、我的朋友们，我在“新纪元”过得非常快乐。（背景：学生活动的大幅照片）

李海林:（走上舞台）大家好。我叫李海林，是这所学校的校长。2015 年，是上海新纪元双语学校创办的第一年。我、我的伙伴们，还有亲爱的同学们，并肩走过了让人无比怀念的不平凡的日子。（背景：全校集体照）

格雷格:（走上舞台，与李海林站在一起）哦，还有我。“新纪元”，不能没有我。2015 年，我从深圳来到上海，来到崇明岛，来到“新纪元”。我跟我的中国同事们一起，共同走过了难忘的 2015 年。（背景：格雷格夫妻的大幅照片）（音乐缓缓响起）

众人:（从两边走上舞台）这是一段不能忘怀的岁月，这是一段无法磨灭的记忆。“新纪元”，一个响亮的名字，与我们的生命，凝聚在一起。（背景：学校的美丽照片）

杨政:（从后面走到前面）是的，一年前，我们来到了这片土地，经历了创业的洗礼，品尝了收获的欣喜。

第二章 创业的艰辛

李海林:(面向老师们)老师们，你们还记得吗？我们第一次学校宣讲会上，只来了一位家长。(背景：学校建筑工地的照片)

朱虎兰:(大声)校长，我们记得。

李海林：2015年8月，上海新纪元双语学校的第一次教师培训工作启动了。在培训的最后一天，我对你们说："我们学校今天虽然只有十几个人，但在不远的将来，我们一定要把我们的学校，办成上海最优秀的国际学校。"今天，我想问你们："当时，你们相信我这一句话吗？"

(众人小声笑)

李海林：其实我知道，你们当时是不相信的。但是，短短的一年过去了，我们的学校发生了翻天覆地的变化。我们有了非常漂亮的游泳馆，我们有了具备国际范儿的体育馆，我们有了高标准的学生餐厅，我们有了非常温馨的图书馆，我们有了专业的学生剧场。还有，我们全数字化的实验室也即将启用。最重要的是，我们学校有了你们，还有了那么多可爱的孩子。我们一起努力，一起拼搏。今天，我还想再问你们一句："我们的目标，就是创办上海最优秀的国际学校，你们有信心吗？"(背景：一张接一张学校美丽的航拍照片和制作精美的视频)

众人:(大声)有。

王玉妹:(在人群中)校长，我们有这个信心。因为，我们心中有信、有望、有爱。(背景："信、望、爱"三个大字)

全体老师：我们爱我们的学校，我们爱我们的学生，我们爱"新纪元"这个光荣的称号。

格雷格：I love China, I love Shanghai, I love NEBS。（背景：学校开展各种活动的照片）

第三章　一所有温度的学校

孙德志：（从人群中走出）我叫孙德志，去年从东北师范大学毕业，来到“新纪元”。这一年，如果你们要问我最难忘的是什么，我要说，是我在一些小区发招生信息时，被保安追着跑。（背景：孙德志在学校的照片）

陆雯：（从人群中走出）“新纪元”的第一年里，我是学校唯一的音乐老师。如果你们要问我这一年最艰难的事是什么，我要说，是校长交给我的任务：去年，我一共要教几十个孩子，校长还让我组织了三场晚会。你们不知道，我是怎样使出了我的“洪荒之力”，才勉强完成了这个任务。（背景：学生各种活动的照片）

郝丽娜：（从人群中走出）我在大学里的时候，曾无数次憧憬自己以后走上工作岗位的日子。我真的没有想到，我会这样走过自己工作的第一年。这一年，我偷偷哭过，也曾动摇过。但是，我的脑海里总是回响着校长对我们说的一句话：“我们最难过的日子就是现在，我们闯过了现在，就会有美好的未来。”（背景：郝丽娜与学生在一起的照片）（校歌《我心飞翔》轻轻响起，学生缓缓走上舞台）

第四章　梦想成就未来

全体女生：亲爱的老师，如果可以，请让我点亮一盏橘色的灯，静静守候您疲惫的身影；请让我递上一杯温热的香茗，缓缓驱散您脸上的倦容。亲爱的老师，我们会在美丽的校园里，谱写豁达的诗行，让今生无悔；我们将和您一起，让日子在岁月里优雅，在时光里芬芳，在流年里静候——“新纪元”越走越远的脚步。（背景：学生的照片）

全体女生：我们将牢记学校的校训——

全体师生：FAITH、HOPE、LOVE。

全体女生：我们将恪守学校的校规——

全体师生：不欺、不戾、不馁。

李海林：我们的宗旨，是办一所有温度的学校、一所有美感的学校、一所有风度的学校。我们热爱这样的学校。我们称这样的学校为——

全体师生：上海岛上国际学校。

李海林：她有一个响亮的简称，叫作“上岛国际”。（强劲的音乐响起。全体鼓掌，缓缓从舞台两侧走下。老师和高年级同学牵着低年级同学的手走下。）

（落幕）

2016 年 9 月，在新纪元教育集团每年都要举行的表彰大会上，我和老师、同学们上台，为集团领导和全体“新纪元人”，呈现了这场我亲自参与编写、导演、表演的情景剧。

一所刚办了一年的学校有校史吗？可以写校史吗？我觉得是有校史的，而且可以大写特写。因为真正的校史，其实就是这所学校的老师、学生共同走过的心路历程。校史就是心灵史，这跟办学时间的长短，有的时候关系并不大。

2016 年 11 月

一所学校的 DNA

“一个团队的 DNA 在头三个月就形成了。”我看到这句话是在 2016 年元旦。这个时候，学校已开学五个月了。元旦三天假，我终于可以回到家，陪家人度过一个难得的假期。晚上，我从书柜里随手抽出一本关于创业的书翻看，目录上赫然写着这么一句话。

因为放假，学生都已离校，只有几位老师留在学校值班。我不断地翻看老师们在微信群里的聊天信息。平时，只要学校里有学生，所有的老师就都绷紧了弦，现在学生全部离校，老师们才能真正放松下来。学校办公室的老师也特别声明，微信群依旧开放，大家可以随便发言。在学校留守的老师，一起聚在学校里的那条小河边，将点上蜡烛的纸船，送到小河里。虽然照片是用手机的微光拍的，背景一片漆黑，但不知为什么，这一幕令我非常感动。我知道，这是我这个团队难得的轻松一刻。

“学校开学差不多半年了，我的团队的 DNA 是什么呢？”我问自己。那个夜晚，我一片迷茫。那种迷茫的感觉，浸入心骨。

/ 不顾一切，勇往直前 /

以往我所做的工作，其实是没有多少创业的成分的。对于组织文化，我一直以为自己研究得比较充分。很多次，我作为教育部“国培计划”专家，跟许多校长讲学校文化建设，分析学校办学环境和优势，研判学校发展危机，寻找学校发展机遇，制订学校文化建设规划，稳步推进学校文化建设。但在“新纪元”，我突然发现，过去自己讲的这些，原来都是纸上谈兵。

一所学校的DNA来自哪里？来自在办学的实践中，你、你的团队，在紧急应对学校的危机和困难时，刹那间爆发并凝固起来的某种东西。这种东西，其实是无法预先规划的，是在应急的那一刻诞生的。

2015年9月5日，开学第一天，一切都是新的。新学校、新学期、新团队、新学生，大家都做了充分的准备。下午三点整，40多个学生由他们的家长带着聚集到教室里，正等着见校长。就在这个时候，突然“啪”的一声，灯一下子灭了，空调也一下子停了。

我走出教室，对着对讲机大声呼叫后勤主任李老师：“怎么回事？”即刻就听见李老师边跑边喘息的声音：“校长，可能是变压器烧了。我正赶过去。”我只说了句：“快一点儿。”

学校使用中央空调，事先虽然也曾测试过，但看来测试的时间过短，现在才连续使用了几个小时，变压器就受不了了。我三步并做两步，上了教学楼的四楼，打开窗户，可以清楚地看到不远处变压器的位置冒出一股黑烟。

9月，正是一年中最热的时候，空调没了，家长和学生聚在教室里是什么感受？他们对这所新学校是什么感受？学校的临时食堂是要用电的，没有电，怎么做晚饭？天马上就要暗下来了，如何照明？学校还在基建状态，如何保证完全不熟悉学校环境的学生的安全？没有电，学校将陷入一片混乱。

我从来没有面临过这样一种局面。

一会儿就听见李老师在对讲机里对我说：“校长，变压器被烧坏了，不能用了。”

足足有三分钟，我一句话都说不出来。等缓过神来，我对围在我身边的几位老师说：“快去搬几箱水送到教室里去。”我掏出手机，联系上一位朋友，让他无论如何要用最快的速度，调一台新的变压器送过来。最后，我加了一句：“不惜一切代价。”说完这句话，我直接走进第一间教室，对在场的家长和学生说：“各位家长、亲爱的同学们，非常抱歉，开学第一天，这么热的天，竟然停电了。我们正在全力以赴抢修。”此时此刻，此情此景，我不知道，他们能否理解我这个校长的心情。

说完这句话，我其实已经不知道下面该说什么了。但就在这时，我听见了一阵掌声。

那一刻，我确实眼眶里蓄满了泪水。我走完四间教室，说了四遍同样的话。然后，我走到 2 号楼和 3 号楼之间的草地上，拿着对讲机问李老师变压器什么时候到。

一个多小时后，变压器终于到了，但是李老师对我说：“问过工人师傅，换变压器至少要四个小时。”我看了看手表，已经是下午四点多了。那就是说，晚上八点之前不会来电，学生别想吃上饭，也别想用上空调了。天要黑了，学校将陷入黑暗。

我问：“能不能不换，简单维修一下，强行使用旧变压器？”

半刻，回答是：“也许可以，但不能保证什么时候又会着火、跳闸。”

我现在要说，这是我一生中所做的最难的选择之一。用旧的，有可能马上送上电，但也有可能烧毁整个设备，导致一两天都用不上电；换新的，晚些时候肯定能让大家用上电，但也许要等到晚上八九点之后。

对讲机里传来李老师焦急的声音：“校长，怎么办？你要给我个指示，工人们都等着呢！”

不知什么时候，学校的老师和工作人员都围到了我的身边。教室里传来家长和学生忍受不了酷热的嘈杂的声音。

我走到草地中央，背对着大家，站着。半刻，问李老师：“吊车到了没有？”李老师说到了。我再问：“你身上有多少钱？”李老师说：“一两千吧。”我说：“全部拿出来，给每个工人师傅先发两张，让他们分成两班，轮流上。马上换！如果在六点钟之前换上，奖！要多少给多少！”

六点刚过，来电了，校园里刹那间一片辉煌。不管是学校的老师和工作人员，还是学生和家长，都是一片欢呼。

2015—2016 年间，这样的情况出现了不止一次。但是，我们都挺过来了。我的总结是：坚毅（Grit），是一个创业团队最重要的品质。但是，说实话，这并不是我的有意设计，并不是说，我认为坚毅是很好的品质，所以才刻意引导。不是这样的。而是当事情摆在你面前时，你已经没有退路，你已经别无选择，你能做的，唯有不顾一切往前冲。冲过去就是胜利，没有冲过去，至少也曾经奋不顾身，体验到冲击的勇敢和自豪。这样，创业团队的一种“野性”，甚至“狼性”就得以奠定。

我在学校对老师们说，怎样才能办好“新纪元”？在目前这种情况下，就是一句话：“杀出一条血路来！”这句话颇有一种“杀气”，办学校而已，不至于这样惨吧？但这种不顾一切、勇往直前的勇气，却不可或缺。

我是 2015 年 6 月 30 日上任的。上任的第一件紧要事就是招生。当时我校的花名册上，一个学生都没有。离开学最多还有三个月，上海各级各类学校的招生工作已经全部结束。集团公司也很着急，由一位副总牵头，抽调人手，派往全国各地，想依托集团在全国各地的学校及其声誉，招来一些学生。

两个月过去了，出于户籍、学籍、离家太远、对国际教育没有理解等原因，这些努力几乎没有成效。我向集团提出：集团在全国各地有这么多学校，能否设置交流生计划，从各个学校抽一些学生，派往位于上海的我校读书？读一年，帮助我校渡过难关后，再送他们回去。所有学费、杂费，都留在他们原来的学校，我们学校纯义务服务。

集团同意了，但这种办学方式太特殊了。实事求是地说，这太不符合常规了，而且事实上也会面临很多困难。上海的课程与其他地方的课程是不一样的，学生来到上海，我们给他们上什么样的课程呢？他们与我们上海的学生是不是学一样的课程呢？这会不会损害到上海学生的利益呢？家长会同意吗？学生们来上海上学，因为离家太远，即使是双休日，他们也无法回家，只能待在学校，等爸爸妈妈每月来学校看他们一次，他们会比本地住宿生更想爸爸妈妈，他们能坚持下来吗？所以，几乎所有兄弟学校的校长，对此都持观望态度。但是，学校 9 月份就要开学了，总不能就十几名孩子吧。那样的话，这学校的门都没法开！

集团每年都会举行一次大型的培训、总结会议，集团所有学校的校长、副校长，学部主任、副主任以及骨干教师，都会集中到上海开一个星期的会。8 月份的时候，我还是“孤家寡人”，既没有副校长，也没有学部主任、副主任。我就带着司机一个人，参加了这次会议。

前面三天，没有一个人理我，我也没与一个人说话。一方面，大家不认识我，另一方面，学校现在这么难，换作是我，也不会无端跟这样的校长扯上什么关系。晚上聚餐的时候，各位校长都坐到董事长、总裁那一桌。我有自知之明，悄悄地坐到最边上的一桌，准备吃几口就回房间躲着。过了一会儿，一个领导走过来对我说：“董事长要你过去，坐那边去。”

走过去，一张大桌子，差不多有 20 个人，除了董事长、总裁和几位副总裁外，集团其他学校的校长我都不认识。这几天在一起开会，我也在观察他们，很快就掂量出他们的个性和人品。集团已经创建 20 余年了，有一位校长，从集团创办开始就一直在集团的学校担任校长，他现在的学校在温州，是当地最有知名度的学校之一。这所学校规模大，教学质量高。这位校长虽然个子不高，但只要他开口说话，必声振梁宇，气壮山河。这是一个有魄力的人。我觉得也许他能帮得上我的忙。于是我端上酒杯，走过去，向他敬酒。

站在这位校长的身后，我自我介绍说，我叫李海林，初来乍到，请多关照。对方说，都是兄弟，一起一起。我说听了你的发言，非常敬佩，先干为敬。然后一饮而尽。对方一看，一介书生，遂端起酒杯，倒是干脆，也一仰脖子，见底。我替对方满上，说为了表示敬意，我再干三杯，你随意。说完我自顾自连干三杯，杯杯见底。一股热血，直冲脑门。

事实上，我是不能喝酒的，平日里也不端酒杯。但是，这一天，我知道这是我唯一的机会。没有人支持我，学校开不了学，我就只能关门走人。我毅然辞去大学教授之职，三个月就折戟沉沙，铩羽而归，事何以了，情何以堪？敬完这位校长，我围着桌子，逐个校长敬过去，每人一杯。我不在乎他们喝不喝，只自顾自一饮而尽。完毕，坐下，又有校长来敬我的酒，说教授教授，向你致敬，请你喝酒，于是我又连饮若干杯。旁边的董事长说，李校长先吃点儿菜，先吃点儿菜。看看酒宴将散，我再一次端起酒杯，来到第一位校长身边，说再敬校长一杯。这位校长连忙站起来，说一起一起。三杯下肚，他终于说了一句："兄弟，你的事就是我的事。9月份，我送你100名学生。我亲自送过去。"

听了这句话，我一言不发，伸手与校长握手，再干了一杯，这才走回自己的座位。因为倒了这么多杯酒下肚，我已经说不出话了。我知道自己已经醉了，我努力控制着自己，不能再说话了。我最后的记忆，是大家纷纷站起来往外走。我也试图站起来，可之后发生了什么却完全不知道了。

等我恢复意识，已经是半夜了。清醒的那一刹那，完全蒙掉。这是在哪里？自己怎么会在这里？大概几秒钟吧，想起来发生的一切，知道自己是醉过了。上卫生间的时候，发现脸上有瘀青，于是知道昨晚自己醉得不轻，还摔倒了。至于怎么摔倒的，是谁把我送回我的房间，又是怎么躺上床的，都不知道，到现在也不知道。

办学一年多，每当我遇到大的困难，看上去走投无路的时候，我的心中就会突然生发出一种被逼上绝路、破釜沉舟、奋不顾身、勇往直前的气概。我的团队的人都知道，到了这个时候，李校长要发力了，大家都要跟上，不能再考虑成败得失了，于是一拥而上，在最短的时间内打一个胜仗。当然，这样喝酒是不好的，就凭喝酒也喝不出什么大事业来，我也再没有这样喝过。但是当事情把你逼到没有退路的时候，这种勇往直前的气概，却永远需要。这就是所谓的 Grit。

我的领悟是：在创业过程中，你、你的团队经历了什么，就会有什么样的 DNA。在遇到特别大的困难的时候，不顾一切，勇往直前，“杀出一条血路来”，这成了我们创业团队 DNA 的第一元素。

/ 兄弟姐妹，相互关爱 /

我曾在不同的地方做过管理工作，最深的体会是：人是需要友谊的。有着共同的理想，在追求共同目标的历程中建立起来的友谊，最牢不可破；在攻坚克难的工作中，因共同承受工作压力而建立起来的友谊，让人终生难忘。

我们学校建在祖国第三大岛 —— 崇明岛上。与台湾岛、海南岛相比，崇明岛其实是一个小岛。学校的老师，绝大部分都是从岛外来的，有的人在进“新纪元”之前甚至从未听说过崇明岛，对崇明岛非常陌生，他们虽然每天都在崇明岛上工作、生活，但基本上只认识学校里的几个人。再加上全校教职员工都是住校的，吃喝拉撒基本上都在学校解决，因此可以说就是以校为家了。

最初的时候，我觉得自己是校长，对大家是有责任的，大家在工作上、生活上遇到什么困难，我这个校长能解决的，都会尽可能想办法帮助解决。我作为校长要对大家好一点儿，要爱护大家，这样大家就能团结在校长的周围，心往一处想，力往一处使，努力把学校办好。这是我大致的想法，相当于现在公办学校都在做的“凝聚力工程”。我是这样想的，也很用心去做了。

记得 2015 年 7 月，学校放暑假了，新招的几位老师纷纷订火车票、机票回家。有一位实习生，在学校已经实习了两个月，学校除了提供一日三餐外，不支付任何报酬。小伙子是东北人，大学刚毕业，买票经验不足，订飞机票的时候被人从网上骗了一千多块钱。这样，回家都成问题了。因为他不是学校的正式员工，学校也还没有决定是否聘用，因此没有办法给他补助。办公室的同志告诉我这件事，我立马帮他买了机票，还给了他路费。当时就是想把这件事当作“凝聚力工程”来做。

刚开始的时候，老师们是在一个桌子上吃饭的。有一天吃饭的时候，听大家闲聊，说一位老师的女朋友要过生日了，可他因为交通太不方便，没有上街准备礼物，女朋友有点儿生气了。那天恰好我的一个朋友从日本回来，送了我一盒叫作“白色恋人”的点心。我悄悄把这位同事叫到办公室，把这盒点心送给他，让他把它作为生日礼物送给女朋友，哄女朋友开心。当时也是想把这件事当作“凝聚力工程”来做的。我这个校长，管天管地，连职工哄女朋友开心的事都管，显得很有“凝聚力”。

也有老师家里出了事来请假，我马上批假，反复问需要学校做什么。除了叮嘱她在家里多待几天外，还多次发微信询问情况，表示慰问。实话说，这样做不仅出于同事之间的感情，也出于打造“凝聚力工程”的考虑，这是我的一种职业修养。

直到有一天，我发现我和我的伙伴们之间，已经建立起一种用“凝聚力”没有办法概括的东西，我的内心也发生了很大的变化。

2016 年 3 月的一天，吃过晚饭，开了一个会，会后又与同事商讨了下一阶段的工作，已经快十点了。拖着疲惫的身体回到宿舍，洗了澡，打开笔记本，准备理理明天工作的思路就休息了。

正在这时有敲门声传来。“校长校长，开门！”是后勤主任李老师。他说还有一些事情，恐怕还是要开会再讨论一下。我心里非常纳闷，不是刚开完会吗？怎么又有事？而且还要开会解决，那一定是又出现了什么大麻烦。我说好的，直接套上外衣，跟着李老师往会议室走。我看着李老师沉重的样子，心想我不能慌，想安慰他一下，但一时也不知说什么好，只好默默地走在路上。走上楼梯，来到会议室外面，招生办主任朱老师站在那儿迎接我，说校长来了。我心里一惊，怎么态度这么客气？肯定是出大事了。

我直接推门进去，里面是黑的，然后灯突然亮了，一屋子的人。耳边传来一声欢呼：“校长生日快乐！”这时我才发现，会议桌上有一个大蛋糕。

我出生在 20 世纪 60 年代初，那时缺吃的，母亲生了我，大人小孩都差一点儿饿死，所以后来父母都不记得我具体是哪一天生的了，只大致记得是 3 月份。办身份证的时候，我随手写了一个日子，这个日子就成了我名义上的生日。因此我自己从未过过生日，心里也不重视，只是每过 3 月份，就认定自己又长大一岁。最近工作忙，就更想不起过生日这件事。我们学校有个群，哪位教职工过生日了，负责人事的老师都会在群里发个信息——今天是某某老师的生日，大家都祝贺一下，表达一下祝福。这可以营造一种家的感觉。今天负责人事的施老师没发我的信息，我也没有注意。现在想来，肯定是大家商量着不发这个信息，准备在晚上给我一个惊喜。

惊喜倒是惊喜了一回，只不过这一“惊”可不小。学校初创期，每天都会有这样或那样的小事情、小事故。大家都加倍努力，就是为了保证不出大的事情。我作为校长，知道这是很难的，是很难绝对保证的，所以曾经暗暗地对自己说，如果有什么大事，就我一个人承担。那天他们把我“骗”过去“开会”，一路上我已经暗暗地告诫自己，看来是有事情了，一定要镇定，不要慌，且看是什么事情；如果我慌了，大家就会失去主心骨，就会乱。因此在知道学校没出什么事，而仅仅是大家看我这一段时间太操心，很劳累，想利用这个为我过生日的机会让我散散心的一刹那，第一反应当然是非常高兴，甚至是非常幸福的，然后是感激，感激大家对我的用心，感谢大家离开自己的家，来到崇明岛上，一起来创办这样一所高品位的学校。在这样的夜晚，每个人都完成了一天的工作，聚在这间温暖的会议室，一起唱生日歌，一起吃蛋糕，喝咖啡，是多么温暖的事啊。在那一天，我终于领会到，我也需要伙伴们给我来点儿“凝聚力工程”。过去，我天天想着我的老师们、学生们，很用心，现在，我知道他们也在想着我，我不是一个人在单打独斗。只是事后，我很认真地对大家说，今后别这样了，因为这确实把我吓得不轻。

就是在那个夜晚，我明白了一个道理：我们这个团队，相互关爱着，支持着，像一家人一样，不是因为什么“凝聚力工程”，而是因为相互之间的需要。我们每一个人都承受着一份压力，当我们一个人承受的时候，会孤单，但是当我们一起承担的时候，会有一种力量。因为我们共同承受着压力，所以才会相互靠拢，相互支撑，这比任何“凝聚力工程”都更牢靠。用我们一位老师的话说，这叫作“抱团取暖”。过去听别人说过这个词，甚至也用过这个词，但没有现在体会这么深。什么叫“抱团取暖”？就是相互需要；什么叫“凝聚力工程”？就是单方面施予。

2016 年 9 月，我执笔为学校拟定了一份《员工守则》，共 7 个方面，30 条。其中第 13 条明确规定：“同事都是兄弟姊妹，友爱至上。”我想把我们在工作中做到了、体验到了的东西，注入学校的肌体，使之成为学校的文化基因。在创业过程中，我们会遇到很多的困难，有的时候甚至需要经受痛苦和磨难。可往往在这样的时候，同事之间相互友爱的价值才得以突显。在有些时候，真的是这种同事之间的相互友爱，帮助我们渡过了一些关口。正是因为我们切身体验到了这一点，所以会特别看重同事之间的感情，不允许它遭到任何破坏。有一次，两个小伙子因为工作上的一点儿小事发生了矛盾，在微信群里还怼上了。我立刻要求两位停止发言，在半个小时内相互道歉，一起把握手言欢的照片发到群里去，以示友爱还在。我特别告知，对于这样的小事情、小冲突，不考虑对错，只考虑态度。谁态度友好谁就是好同志，否则就是违反了员工守则。我的意图，就是要像保护我们的眼睛一样保护学校的这种文化基因：相互友爱，互相支持，抱团取暖，共同进步。我希望它能成为我们团队 DNA 的第二元素。这样的团队才能抱成团打硬仗，这样的学校才是有希望的。

/ 凭本事吃饭，抢事情做 /

曾有一个老师在大会上谈到自己入职以来的体会，说刚来的时候觉得这所学校特乱，招生部门的人经常在做后勤部门的事，教学部门的人也常常到招生部门去值班，校长也没个校长样，常常弯腰在那儿捡垃圾，后勤主任则成为“民工”，在那里吭哧吭哧搬东西。

我跟老师们说，今后咱们会各归其位的，但现在学校的规矩是“抢事情做”。事情抢到了，做好了，这个事情就是你的了，这个岗位就是你的了，责权利也都是你的了。你不习惯抢事情做，或者你抢不到事情做，又或者你抢到了但做不好，这个事情就没你什么事了。如果长期这样，也许会有一天，你自己的事情都可能被别人抢走，那你所在岗位的职能范围就会变得越来越狭窄，最终消失。

我做管理工作已有20多年，当然知道目标定位、任务分配、过程管理、结果评价这些套路的重要性，但这一套在一个新办的学校里是行不通的。不是我不想这样，而是不可能。一是学校新创，人手不够，不是我不想多招人，而是为每个岗位都配一个人，这个人的工作量就会不够，学校就会人浮于事。二是所有人都是新来的，实话说，我也不清楚谁更适合做什么事，这个要在实践中慢慢看出来。三是一所新学校的事情千头万绪（我的体会是，新学校的事务要比老学校的事务多一倍以上），如果每一件事都等着我这个校长来分配，来搞什么“过程监管”，那累死我也监管不过来。所以，我们学校的教职工，至少在现阶段，必须一专多能、一人多岗。

一专多能、一人多岗，说起来容易做起来很难。因为这其实是一个管理难题。一人一岗，岗位职责明确，出了事谁负责，一目了然。这个时候，过程管理相对不那么重要，管理的重心在结果。具体的管理其实是一个逆程序，即根据结果的好坏来奖惩责任人，重在结果出来后的责任追溯。其管理过程其实就是三步：第一步是把岗位职责理清楚，第二步是把结果判断准确，第三步是奖优罚劣。这种管理是高效的，现在大家都在用这种管理模式。但它有一个条件，这个条件就是一人一岗。如果不是一人一岗，而是多人一岗或一人多岗，职责就难以做到清楚明了，奖惩就会失去应有的效力，管理就会落空。

学校制度尚在建设之中，一下子做到职责清楚，难。一人一岗更难做到，一方面是成本在这儿，另一方面是学校到底需要些什么岗位，也要根据发展的情况不断调整。更重要的是，在学校的建设过程中，有些环节是不允许有差错的，采用这种责任追溯性的管理方式，在某种意义上等于没管理。

所以我的管理思路是：老师们，现在学校千头万绪，你们不要等我把你们的工作都分配得清清楚楚、明明白白、有条不紊、滴水不漏，这不可能，我也不准备这样做。你们可以看看我们的目标是什么，以及自己能为实现这些目标做什么，不要向我请示，不要等我的指令。现在学校有好多事等着你们去做，都重要，选你们能做的、喜欢做的马上去做，就是对的。做好了，功劳都是你们的；没做好，甚至出事了，责任都是我的。就这么简单。我对你们的要求是：心里要想事，眼里要找得到事，手里要做成事，想事、找事、做事，以事为中心，以成事为标准。就这么一条。

以事为中心，以成事为标准，不需要考虑其他，所以，在我们学校，大家“凭本事吃饭”。你有本事把事情抢到自己的手里，把事情做好，你就能站稳脚跟。其他都是次要的。创业团队不要太讲究背景、出身、人际关系这些东西，讲究这些东西，事业还没开始，团队就死了。现在学校各个岗位的人，几乎都是自己找了并非完全属于自己职责范围内的事来做，我一看做得还不错，就将这个工作交给这个人做了，最后就直接指定他为负责人。也确实有几位老师，原本是招来做某件事情的，做了几次我们发现他们不行，就直接宣布免除他们的职务，另换他人。好像大家也都习惯了，觉得这很正常。“凭本事吃饭”，行就上，不行就下，让行的人来干。每个人都有机会，就看你愿不愿意抢事情干，有没有本事把事情做得比别人好。

所以在我们学校，任何一个部门的人，都有权力在群里面发出诸如“招生办需要支持，速来”这样的指令，任何一个老师都可以在群里面发出诸如“三班门关不上，后勤！”这样的召唤。各部门的干事，即便什么职务都没有，也可以直接发通知，直接指示具体的领导和老师于何时到何地干何事，因为他们不用担心有人会说什么。大家抢事情做，抢到事情做，就是进步，就是成长。所以有的时候任务一下达，几乎在几秒内就有人响应。这种响应是直截了当的：我来了，马上；好的，就来。有的干脆直接回复：我解决了。我作为校长，看到这样的情景，是非常欣慰的，心里的压力一下子会轻很多。学校问题是多，但只要团队的每个人都在抢着解决问题，我就不怕。

2016 年 4 月，学校冠名了一次大型的活动，短短两天内，将会有一两千人来学校领取活动资料。每一套资料都包括五六份材料，需要我们一一拈出，再合到一起装进一个袋子里。印刷厂把资料都送齐的时候，已是下午六七点，第二天一大早，学校就会迎来第一批访客。办公室老师在群里一招呼，所有在校人员都集中到了教室里。我到教室的时候，看到好多老师的家人也在，有的老师还叫来了自己的男朋友、女朋友。显然，老师们这种“抢事情干”的劲头感染了他们。那天恰好是周六，我孩子来学校看我。我一个电话打到房间，说快来教室帮爸爸干活，小朋友便跑着来到教室，眼睛一扫，就明白自己要干什么，然后就找了地方干起来。后来有老师拍了一个视频，只见小朋友抽出材料，对折，另拈一份材料，夹页，装袋，很熟练很麻利，很像个做事的样子。

学校的事情，大家一起来做，不分你我，不分部门，只要工作需要，大家都会争先恐后地做自己力所能及的事，进而形成习惯，把它当作一件理所当然的事。这是“新纪元”文化基因中的第三元素。认可这个作风的，就成为“新纪元”的成员；不认可这个作风的，就很难为“新纪元”所接纳。我每天都会巡视一遍全校，一旦发现问题，就随手拍下照片转发给相应的人员。2016 年秋，一位新来的管理人员收到我发来的照片后，随口回了一句：“这也归我管？”两个月后，我请他离开了学校。理由很简单，“抢事情做”已经是我们学校的一种文化，虽然今后随着学校的发展，岗位职责会越来越明确，人手会越来越充足，但是这种“抢事情做”的意识、这种“凡事都与我有关”的责任感，不容置疑！

2016年12月31日，学校放假，学生都已回家，大部分老师也都离岛休假了。我申请值班。晚上我和留校的老师在操场上放孔明灯，在学校小河里放荷花灯。我让工人把操场的灯全部打开，把学校音响系统也打开，让欢快的音乐回荡整个校园。大家在孔明灯上写下自己的愿望，放飞，目送它们在清朗的夜空中一闪一闪地排成长队飘向远方。荷花灯在小河里则显得特别灿烂，甚至有些耀眼。我的心情跟一年前完全不一样。不是因为别的，而是因为，我很清楚地知道，我这个团队已经有了自己的DNA，这所学校最宝贵的东西。我当时就想好了，今后，每年的年末，学校都会安排这个保留节目——放灯。它们在天空、在河面闪闪发光，照亮学校前进的方向，也温暖着我们的心。

2017年元旦

办学校要顺应人性

/ 为什么一定要排队？ /

2016年秋季，近400名新生入学了，校园里顿时热闹起来。每到早操时间、课间操时间、就餐时间，学生宿舍、操场、食堂、教学楼、体育馆就变得人来人往，好不热闹。孩子们三三两两，从宿舍走到操场，或从操场走到餐厅。也有一些小孩子喜欢跑，一路上就会洒满嘻嘻哈哈的笑声。我和老师们看到了，总会叮嘱几句：小心一点儿，别摔跤！尤其是到了操场上，孩子们更是撒起欢儿来。偶尔也会有孩子摔倒，他们爬起来后会继续跑，而且笑声不断。

早上做完早操后，我们都会安排学生围着操场跑几圈。小学生跑内圈，五圈；中学生跑外圈，也是五圈。当然还是以班为单位，值班生还带领同学们喊出整齐嘹亮的口号："一、二、三、四。"孩子们的声音很稚嫩，在清晨的薄雾和阳光中清脆响亮。但跑了两圈以后，有的孩子就会慢下来，虽然最终会跑完五圈，但队形就没办法保持了。

我的同事对我说，这样不行，并建议：学生去操场、去食堂，必须排队走。到操场上跑步的时候，必须保持整齐的队形，步伐也必须一致；前后左右的距离，也都必须保持在两个拳头的范围内。每个班要有"一块板"的效果，就是只能看见整个班级列队像一块板一样在动，而看不到单个学生在动。

我立刻想起曾看到的一个视频。一所以高考高升学率著称的学校，有一万多名学生，早晨跑步的时候，一个班50多人紧挨着排在一起，真正做到了一齐动腿，整个班真像一块板子，随着学生喊出的号子往前移动。

我没有多想，就同意了。没过几天，校园里果真安静了许多。上午第二节课下课铃响后，我先听到老师在整队的声音，然后看到学生排着整齐的队伍，向操场走去。路上，老师不停地提醒学生要跟上，队伍要排整齐。小孩子调皮，总有人走偏，或者边走边说话，这时老师就会高声提醒："别说话！跟上！跟上！"偶尔还会传来老师的训斥："叫你不要说话，为什么还要说话？"

做早操时，体育老师整队的声音越来越大，时间也越来越长。跑步时，因为队伍跑得不整齐，开始有学生被罚站，被罚多跑三圈。

我现在才知道，要做到全校学生整整齐齐地把队站好，可真不是一件容易的事，需要老师付出多少心血、学生付出多少努力呀！我的同事们也有如我一样的想法。于是开会，进一步统一思想，同时也调整工作安排。大家的信心很足，表示要力争在最短的时间内让学生排队进食堂、排队进操场、排队进会堂，跑步的时候步调一致、成块移动。总之，整齐划一。

听着大家的讨论，我陷入了沉思。我问了一串很蠢的问题：我们的学生进食堂的时候、进操场的时候、进会堂的时候，为什么非要排队？为什么不能说话？跑步的时候，为什么一定要步伐一致、成块移动？再问一句：我们为什么非要在这些方面要求学生整齐划一？

安全。这是最早听到的回答。但是，为什么排队就安全？排队就是人员集中行走，按说是最不安全的，一个摔倒，会出现"多米诺效应"。事实上，有些地方出现学生集体伤亡事故，不是因为学生没有排队，而恰好是因为排队。实在没有任何证据证明，排队是安全的行走方式。与之相应的是，要想避免群体性拥挤、踩踏事故的发生，最好的办法是控制单位时间内的人员密集度，采取分散行走的方式。

但是为什么老师会觉得排队更安全呢？哦，是老师的感觉。当老师用排队来管理和控制学生的时候，他才觉得这种方式是可把控的，是安全的。但是这种感觉是对的吗？这种感觉背后隐藏着一种什么样的学生观、教育观呢？这种学生观、教育观是正确的吗？我要好好想想。

好看。这是一些老师给我的回答。尤其是在操场上，几十个人步伐一致，就像一块板在做水平移动，这确实好看。但我有一个疑问：谁觉得好看？我曾参加过这类活动，身处列队之中，我根本看不到这种“成块移动”的效果，我看到的只是前面同学的后脑勺。于是更大的疑问来了：学生跑步的目的，就是让旁观者觉得好看吗？

我觉得这似乎不是小事。为什么学生去操场或其他地方的时候必须排队？为什么学生跑步的时候非要将队伍排成块状？这到底能给学生带来什么样的好处？我不禁自问：有没有什么教育教学原理能够回答这些问题？

我的结论是：我回答不出来。

既然回答不出来，就说明至少在我这儿，我以前的决策就是不理性的，就是经不起推敲的，就是值得怀疑的。

我曾把我们的学校称为“岛上学校”。一方面是因为，她确实是在一座岛上，在中国第三大岛 —— 崇明岛上。另一方面是因为，我以这个名称，给她定了一个气质：自由而浪漫、缓慢而优雅。只要不影响学生身心的成长和思想的进步，只要不影响学校的环境和秩序，只要不妨碍其他人的生活、学习，学生就可以自由决定做什么、怎么做。这就是我所说的自由。学生在做任何事情的时候，都要有一种美的追求，追求精致、精美、精细，力求将这件事做得更有艺术氛围。这就是我所说的浪漫。做事不求其大、不求其多，但求其雅，不要给人被鞭子赶着走的感觉，这就是我所说的“缓慢而优雅”。学生下课了，从教室里三三两两地走出来，边跟同学聊聊天说说话，边走向宿舍，走向餐厅，走向操场，为什么不可以？这样自由而随意的行走，对学生本人、对其他同学、对学校，造成了什么损害？形成了什么不好的氛围？带来了什么不好的影响？没有哇！那为什么非要让学生排队不可？

至于晨跑，老师对列队的严格要求，到底给了学生什么样的暗示？——我只是这个大方块中的一小块而已，离开这个大方块，我就什么都不是了。就是这个意思吧？除此之外，还能有什么意思呢？

我发现，在我们每一天的教育活动中，我们每做一个决策，每做一件事，背后其实都隐含着某种教育哲学，都隐藏着某种教育观。只是在一般情况下，我们意识不到而已。我自觉还算是有思考力的人，但当我沉入一些具体的事务，每天做的选择、决策，发布的指示，提出的要求，评价的工作，又有多少经得起真正的理性推敲呢？

我想明白了，排队进操场、进餐厅、进宿舍，跑步时保持块状的队形，说到底就是要整齐划一。我知道会有人说这是在培养集体主义思想。集体主义当然是好东西，但它的基本原则应该是“不侵犯他人利益”，而不是“牺牲个人权益”。如果培养学生的集体主义思想要以牺牲掉学生起码的自由选择权为前提，那么我对其教育价值深表怀疑，我对其教育效果也深表怀疑。

在学校工作会上，我如实阐述了我的观点。我知道有许多同伴是不同意我的观点的。我也表示理解和尊重。在具体的事务上，我是非常愿意跟各位老师多商量的，“商量着办”是我经常说的一句话。但在教育理念上，我愿意多沟通，多交流，但最后都必须按我的想法来。校长有决断权，这就是所谓的“校长负责制”。这是我办好这所学校的责任，也是我的“理念自信”。是之谓“信念”。

现在，学校的早操、课间操、每周一的升旗仪式，全体师生都必须按时进入操场和会场，做操的时候动作都必须到位，升旗仪式都必须着装整齐、庄严肃穆。但平时学生从教室到宿舍，从宿舍到餐厅，都不用排队行走。晨跑还是以班为单位，但无须步伐一致，掉队了只要跟上就好。

我用一句话来表达我的这个理念：学校要有规矩，学生要讲文明，但规矩和文明并不等同于整齐划一。我明确反对整齐划一地对待孩子、要求孩子。我不想要一个整齐划一的学校。

“知我者谓我心忧，不知我者谓我何求。”余之谓也。

/ 圈还是不圈，这是个问题 /

我曾经在一篇文章里描述过我到一所美国学校访问的事。我问这所学校的校长：“作为校长，您最担心、最看重的事情是什么？”校长先生想了想，很明确地说：“学生的安全。”然后我接着问：“那第二呢？”他回答：“学生的考试成绩。”我问：“那第三呢？”他回答是教师。我当时笑了。他问我笑什么，我说：“您担心的问题跟我们一样，连排序都一样。”校长看着我说：“看来我们同病相怜。”

现在学校对安全的重视程度，没有当过校长的人是想象不到的。甚至只在学校当老师，但没有担任一定行政或业务工作的人，也不可能透彻地理解安全在校长心目中的分量。现在有些学校已经禁止所有校外活动，甚至把室外活动都停了。有的学校一个教室里 50 多个学生，下课了都坐着不能动，想上厕所还要举手向老师报告后才能出教室，而且要快去快回，也不能同时去很多人，因为老师怕学生在路上拥挤打闹出什么意外。学校里的劳动课都变成纸上劳动，变成刷题劳动了。学生趴在桌子上做作业，总不会出什么事故。体育课，但凡可以不上，都尽可能不上，实在是不能不上的，就尽可能在室内上。即使是在室内上，也要尽可能做一些绝对没有危险或危险性很小的项目。但凡有风险的活动，都基本叫停。这就是所谓的“圈养”。

其实，这已经是普遍现象了。为什么会这样呢？不是因为校长的脑子比一般人差，而是因为他被搞怕了。被谁搞怕了？领导和家长。

我有个朋友在高中学校当校长。在他的学校，学生到了 18 岁，会参加一个成人仪式。这是很好的创意，对他们的成长很有帮助。为了把效果做好，每年该学校都会把学生拉到一个青少年教育基地，先进行一个小型的拉练活动，再进行一个室外体验活动，最后安排学生拆阅家长专门写给他们的信。每年的效果都是非常好的。但有一年，就在学生回来的路上出了交通事故。学校因此被通报批评，我的这位校长朋友也被免职。免职没什么问题，是应该的，但局长的一句话让所有校长寒了心：“搞什么成人仪式？不搞就不成人了？”

教育的事往往是由一个个的小环节、小项目、小设计组成的。也不是说某一个小环节、小项目、小设计不搞就会怎么样，但教育就是由这些小环节、小项目、小设计连缀而成的。没有了它们，教育其实就和工厂没有什么区别，就是工厂的流水线了。学校的教育教学工作应该高度重视学生的安全，这是对的，但不能因为出了意外事故，就把教育上的创意和追求都否定掉。校长经历过、看到过这样的事，慢慢地心都凉了下来，很自然，把活动都停了吧。

关于学校安全工作和学生校园伤害问题的处理，教育行政部门都是有具体规定的。一般来讲，学校教育教学设施、设备有问题，或者学校管理不到位，这个责任就要由校长来负。这个是没有异议的。当然，这些规定也明确写清楚了，如果这两个方面都没有失误，则校长、老师是应该免责的。第一条好办，就是花钱配设施、设备。第二条就比较不好办了，因为管理到位不到位，有的时候是说不清楚的，或者虽然说得清楚，但家长可能不接受。每到这个时候，校长也好，老师也好，都很被动。被动的结果，小则吃官司，大则走人。经历过或看到过几次这样的事，校长也好，老师也好，都会选择：不惜牺牲所有教育创意和追求，把学生圈起来。不出事就是最大的追求。

实话说，省掉那些教育教学方面的环节、项目、设计，把学生圈起来，是相对要容易得多的。这就是一个比较了：把学生圈起来，省事、省心、省钱，没有任何责任；搞教育创新，组织学生开展丰富多样的活动，要多出很多事，要花更多的经费，搞得不好还会出事故，要承担也许并不应该归学校承担的责任。校长和老师会选择前者还是后者呢？

这真是一个问题。我知道，几乎所有校长都思考过、面对过这个问题。一个是教育工作者的追求，一个是现实的考量。孰轻孰重，颇费思量啊！大部分情况下，校长们纠结后，会自己劝慰自己，还是现实一点儿吧；聪明一点儿的，会说一套做一套，结果使所在的学校形成了“二重校格”。在这种“二重校格”下面，很多教育教学行为就走样了，异化了。我曾在一所学校看到过一个大幅的通告，严格规定了早上学生进校的时间，绝不能提前进入。家长提前送学生来了，都被挡在校门外。也严格规定了学生的离校时间，绝不允许在学校逗留，学校要清场。我曾问过该校校长，为什么要把时间规定得这么严、这么死？校长沉重地说：“我也知道这不对，但我已经受过一次教训了，不想再被教训一次。学生进了校门，就是我的责任了，学生出了任何问题，都要打我的板子，所以学生越迟进学校越好。放学了，我的法定责任就结束了。学生赶快离校，被爸爸妈妈接走了，我卸了担子，这一天才能真正轻松一点儿，我的老师们绷紧了一天的神经才能放松下来。当然是学生越早走越好。”我面对这样的回答，一方面觉得这是不对的，怎么能这样做呢？但另一方面，我也是校长，还真找不出什么词来反驳他。

我曾问过国外一些校长是怎么处理这种事的，人家回答得很轻松：法律有规定。但具体怎么处理，老外语焉不详，我也不好再问。但他的表情很轻松，不像中国的校长，一说起这个问题个个表情凝重。

2016年下半年的一天，小学二年级有一节游泳课，班上有一个孩子感冒，不适合下泳池游泳，老师就安排他与其他年级的孩子在游泳馆外面做游戏。与游泳馆相连的一个走廊里，摆放有练习用的固定式自行车。这是为中学生准备的，小学生使用起来不安全，所以我们用隔离带将这个区域围了起来，还挂上“小学生不得使用”的牌子。但孩子好奇呀，还是钻过隔离带爬了上去。虽说照看这些孩子的老师及时发现，连忙上去阻止，但来不及了，孩子摔了下来。自行车的高度大概只有一米，但孩子还是摔得不轻。学校立即派车送孩子去医院。晚上，拍片结果出来了，小腿骨折。

事后，学校召开了各方面人员参加的会议，讨论这件事。有老师提议，取消午餐后、晚餐前的自由活动以及其他一切室外活动，所有学生必须待在教室里，由老师严加看管；从教室到餐厅、宿舍的路上必须每隔一百米就安排一位老师站岗，不允许学生中途离开；学校体育馆和操场在非体育课时间和做操时间一律关闭，学校监控设备要特别监控这些运动区域，由专人负责。一句话，圈起来。老师们强调，如果不采取这样的措施，学生受伤的事情还会发生。

实话说，我在处理这件事时没有了过去处理其他事情时的坚定、明确和干脆，而是颇有些踌躇。一方面，学校必须加强学生安全工作的管理，老师也必须负起保护学生安全的责任，以“零事故”作为我们的工作目标。但是另一方面，在很多情况下，安全事故也的确带有意外性、不确定性，尤其是学生的安全事故。学生好动，这是天性，学校又是人员密集的地方，即使是人盯人，也难以保证不出任何事故。我去过美国二十几所学校，每所学校一待就是一个星期。几乎天天我都能看到有学生或拄着拐或包着头或吊着胳膊，在校园里走来走去，像正常学生一样上课、吃饭。有一次，我还看到一个学生一只胳膊吊着，另一只手还在那儿投篮。的确，对学校来说，受伤是一个概率性的事情，但对学生、对家长来说，就不是概率，而是一票否决的事情。所以，很简单，也很明确，把学生圈起来也许可以做到“零事故”，不圈起来发生事故的风险就会大增。校长，你做何抉择呢？这对任何人都是一个问题。

实话说，做校长的，感觉每天都在刀尖上走。每一天，只有当全校都安静下来了，学生宿舍的灯都熄了，我才能稍稍放下心来。有一次，到了晚上 11 点，手机猛然响起，一下子把我惊醒。我抓起手机，连忙问怎么啦。对方一说话，才知道是过去的老同事，闲来无事，打个电话来聊聊。我毫不客气地数落了这位老兄几句。这么晚给我打电话，一般是学生安全方面的事，要不谁会这么晚打电话给我呀。所以，看到这篇文章的兄弟们，今后晚上 10 点半之后，如果没有特殊事情，不要给我打电话，以免增加我心脏的压力。

/ 为什么要搞“周日大餐” /

我曾说，要想让学生爱上学校，就必须让学生吃好。如果学生连饭都吃不好，就不可能爱上学校。虽然办学校并不是开餐厅，但学生吃不好饭，又怎能搞好学习？怎能对学校产生归属感？所以我的口号是：让学生先爱上我们的美食，再爱上我们的学校。两年运作下来，我觉得我的这个想法是正确的。

在我们这样的寄宿制学校，每周日是学生返校日。不管是中学生还是小学生，总有人拖到下午很晚才动身返校。坐校车的学生中，总有几个要迟到。家长急，校车师傅和跟车老师更急。这样，食堂就餐时间就要延长到七点多，直接影响一部分学生上晚自习。而由家长直接送到学校的学生，则会集中在下午五六点钟返校，不仅造成校门口拥挤不堪，也严重影响正常的就餐时间安排。这虽说是小事情，但挺让人头痛。学校曾拜托家长多督促，也曾开展过守时的教育，虽有点儿成效，但还是没能杜绝迟到现象，给学校的工作带来不小的挑战，家长也不胜其烦。

学校曾想过规定学生在下午四点钟之前必须到校，也征求过一部分家长的意见，但家长觉得这个规定太死板，因为总会有一些特殊情况。偶尔晚到几分钟就算违反规定，家长的压力会陡然增大。家长说的有道理。既然是规定，就要严格执行。有些事情管得太死，还真是弊大于利。而且即便大家都赶在下午四点前到学校，还是避免不了校门口拥堵的问题。

有没有一种办法，能让学生打心眼儿里想到学校来？——什么东西能吸引学生，让他们急吼吼地想回学校？我们想到了美食。每个人都拒绝不了美食的诱惑，我们就用美食来吸引学生早到校。为此我们专设了“周日大餐”。每周日晚，食堂专设自助餐，中式、西式，几十种菜品、十几种甜品，还有水果、饮料。为了鼓励早到的学生，每次还特设牛排 100 份，提供给早到的前 100 名学生。

自设立“周日大餐”以来，情况大为改观。每周日一过中午，陆陆续续就有学生返校了。四点半不到，就有学生在餐厅门口排队。家长跟我说，孩子周五一回到家里，就匆匆跟家长做计划，晚上做什么作业、周六做什么作业都提前安排好，以便周日上午就能返校。家长说，你们这个“周日大餐”安排得好，过去周末的作业孩子总是拖到最后半天才动手去做，现在周五就开始做了。现在孩子返校再也不用家长催了，学校变成了孩子最想去的地方。甚至寒暑假孩子还在家里念叨，怎么还不开学，开学就有大餐吃了。

孩子们真是可爱，有好吃的就显出本相来了。我现在最喜欢在“周日大餐”的时候，站在学校餐厅里看孩子们兴奋的眼神，看孩子们端着盘子，在各式各样的菜品中选来选去。餐厅的老师边积极地向他们推荐，边嘱咐：“不能浪费，要吃光。”有好吃的，孩子们很满足，好像也格外听话了。

在我的理念中，这是教育最好的一种状况。学校的策略和办法，是应该顺应孩子的天性的；孩子的天性得到了满足，他们就更愿意听老师的教导。我把这种以顺应孩子的天性为起点、以满足孩子的天性为主旨的教育路线，称为“顺应人性的教育”。还是别与孩子的天性拧着来吧。孩子喜欢玩，我们的教学就多设置游戏环节；孩子喜欢吃好吃的，我们就多准备美食；孩子喜欢新奇，我们就多搞新鲜的东西。顺应孩子的天性，孩子高兴，我们的工作也会更顺畅，何乐而不为呢？当然，我们所做的这一切，都应该有教育的指向。也就是说，不是为了游戏而游戏，为了吃美食而安排美食，为了新奇而玩新奇。我们是想通过这些手段，达到教育孩子的目的。

其实，这种所谓“顺应人性的教育”，有一个预设的哲学前提，那就是“人性本身就是价值之所在”。我们不要试图改变人性，也不要试图为了某一目的去压抑人性。我们要做的，就是顺应人性。

2017 年 12 月

校园建筑是高度功能性的，除了遵循建筑的一般规范之外，更内蕴着教育的追求。我认为，教育空间的营造，核心在学生，重点在情境，关键在细节。而这三点，都存于校长一人之心。这颗心，有时还真的很难跟他人说清楚，或者说，即使说清楚了，也很难为他人理解。因此，我想任何一个亲自主持过学校建设的校长，都会有这样的体会——不停地接受上司、同事、建筑设计师和施工工人的质问："你为什么要这样搞？"每当这个时候，我就陷入抓狂状态。最困难的时候，也曾想过放弃，或者后退半步，但每当看到有违我教育理念的成品摆在面前，想象我未来的学生看到它是什么反应的时候，我都会极力抗争，甚至不顾一切，命令工人立即拆毁。因为这个时候，我更清晰地看见了自己心目中理想学校的模样。

我有一个梦想。我梦想有一块地，不要太大，但也不能太小；有一两条小河，有一个小山坡，有几大片树林。最重要的是，有一笔资金，可以为来自世界各地的孩子精心打造一座充满惊奇的校园。我有信心让这所学校成为奇特、精美、备受孩子们欢迎的学校。

第二辑

走在我们的校园里

我在为谁设计这所学校

我想把学校设计成什么样子？当我思考这个问题的时候，有一个声音对我说：

> 我是谁？
>
> 我在为谁设计这所学校？
>
> 这所学校是给谁用的？

在问自己这些问题的时候，我清晰地意识到自己正处于一个关键点上。如果我对这些问题的回答出了偏差，这所学校最后的样子将会不堪入目。

感谢这么多年的教育经验，让我意识到了这一点，更让我终于有了正确的答案：

> 我是学生的代言人！
>
> 我是为我的学生设计这所学校！
>
> 我设计出来的这所学校，是给学生用的！

我要做的，只是把自己的年龄减去 30 岁，甚至 40 岁，把自己想象成 6—16 岁的孩子，这样我就知道应该怎样设计和建造这所学校了。

/ 一进门就是一块大草坪 /

如果我是一个 6—16 岁的孩子，我踏进这所学校的第一眼，想看到什么？

带着这个问题，我设计了一块大草坪。我们学校的占地面积并不大，但我仍然要设计一块大草坪。学校的大门是为谁设的？是为学生设的。学生都是步行进校门，所以不必设置车道。一进学校大门，迎面就是一块大草坪，上面点缀着高大的树木和灌木丛。缓坡的高点，是一辆大花车，里面开满了鲜艳的花；缓坡的下方，是一段被精心地凿空的枯木，里面生长着几丛野花和小草。

在我的心目中，碧绿的草地和鲜艳的花朵，就是学生进入校门后最想看到的东西。事实上，这块草坪现在也成了全校师生最喜爱的地方。出乎我的意料，家长也喜欢这样的设计，他们来学校参观的时候，总会在这里摆个造型，来个自拍。

我校有位刚刚研究生毕业的女老师很喜爱动物，就买来两只小兔子，将它们放在草地上。于是，在春日里，在初夏的早晨，我们常看到洁白的小兔子窝在青草上，孩子们趴在旁边看它们吃草的场景。这是学校最动人的一幕。每当看到这一幕，我的心便温暖如春。

/ 喜欢玩沙的孩子 /

女生公寓建成了。赭红的立面，搭配白色的外窗，十分漂亮。楼下那片约 500 平方米的地方布置成什么样子最能打动孩子的心？种树？必须的，要种就种白玉兰，她寓意高洁和优雅。但只种树不足以动人。做雕塑？不错的主意，但雕塑做得好是艺术，做得不好是鸡肋。暑假我从巴厘岛回来，跟设计师谈了我的想法：把这块地做成沙坑。

沙坑里的沙子是孩子幻想的源泉。关于沙子的幻想里有山，因为沙子来源于石头；有水，因为沙子是水冲击而成的。孩子们可以把沙子捧在手里，也可以踩在脚下。我和设计师很快达成共识：把这块地做成上海市所有学校里最大的沙坑。

但是，这个沙坑里的沙子不能太细，因为太细的沙子很容易迷孩子的眼睛；也不能太粗，因为孩子可能在玩闹中伤到别人。最合适的沙子要比米粒大一点儿，比豌豆小一点儿。哪里有这样的沙子？皇天不负有心人，我们还真的找到了。这样的沙子还有一个正式的名称，叫米石。找行家咨询下来，得知最好的米石在越南。那里的米石含铁量高，而且形状圆润，不易伤到孩子的手。我们的采购人员亲自开着两辆大卡车远赴越南，经过两天两夜的长途跋涉，终于带回来整整85吨米石。

我们连夜将它们铺成沙坑，可第二天早上起来一看，灰黑色的沙坑看上去有点儿沉闷。原来，我们只考虑到沙子的大小，没考虑到沙子的颜色。于是我在这个500平方米的大沙坑里搁了4个大木栅栏，在其中两个里面种上鲜花，在另两个里面铺上白色的米石。这样看着就顺眼了，舒服了。那天，我看见一个孩子仰面躺在木栅栏里白色的米石上，静静地看着天空。他看到了什么？难道是大海边的蓝天、白云？

/ 田野是孩子的天堂 /

我们学校坐落在祖国的第三大岛崇明岛上。东面，是浩瀚的东海；南面和北面，是长江入海口。长江托着崇明岛，崇明岛载着学校。面朝大海，春暖花开。如果不能把这得天独厚的环境引入学校，那就是暴殄天物，辜负了这一片上天的恩赐。

感谢淳朴的崇明人民，他们理解我们的理想，使我在紧挨着学校的地方，得到了整整 15 亩地。我们要用它建设一个快乐农庄。

我已经在脑海里勾画出这个快乐农庄的模样。那里要有一片果林，生长着枣树、黄桃树、橘子树、翠冠梨树、琵琶树……孩子们亲自栽种、浇水、养护，亲自采摘、品尝。果林里的枯枝，孩子们可以捡回来，拿到手工坊里稍微加工，就能做成一件工艺品。那里要有一片菜地，种上萝卜和白菜。孩子们亲自种，亲自拔出来，洗干净，送到食堂当晚餐。菜地的旁边，我又设计了一亩二分水稻田。今年夏天，学生要亲自插上稻秧，等到秋天收割上来，亲手舂成白米。这样的米做成的饭，吃起来最香。我还要建一个温室大棚，让学生在那里实验无土栽培。再建一个小小动物园，用白色栅栏圈起来，养上可爱的兔子和羊，当然，少不了一只小狗。是养小鸡还是小鸭，我还没有想好。孩子们要亲自喂养，然后写小动物观察日记。美术课就放到这儿来上了，画一只真正的小狗吧，那可比对着照片或模型画要有趣多了。在快乐农庄的中间区域，我要建造一个凉亭，木质的，放一些粗木做的椅子，孩子们做农事累了，可以在这儿休息。

我跟一家园林公司签下了一个大单，6 月底，他们要把我的这些想法全部实现。我告诉他们老总：我要原生态的东西，要有水、有树，有芦苇、有野草……

2016 年 4 月

补记

快乐农庄已经运营两年了。有果林、菜地、养殖区、活动区。每个班都分到了一小块地。小学一、二年级的孩子亲自种上萝卜、白菜的秧苗，亲自浇水，然后看着它们一天天长大，最后玩拔萝卜的游戏，一人一颗地抱到学校食堂里。晚餐时，他们对高年级的同学说："你们吃的萝卜是我们拔的。"语气中充满了自豪感。高年级的同学则大度地说："谢谢你们，很好吃。"初中部的孩子或种玉米，或种果树。秋天，食堂每天的早餐都有玉米，一人一棒，又香又甜。果林里有橘子、黄桃、梨子，橘子当年就能挂果，孩子们已经吃了两轮了。去年，初二年级的孩子开辟了半亩水稻田，6月，他们兴高采烈地排成行，插下秧，暑假回来一看，已经是累累垂垂、丰收在望了。10月是收获的时节，开镰收割的那一天，稻田里一片欢声笑语。收回来的稻穗，都晒到学校操场的司令台上，路上撒了一些，孩子们舍不得浪费，都捡了起来。有一个孩子说，总共就这么一点儿收成，再撒几穗不就没有了？晒干了稻穗，他们把谷粒一穗一穗撸下来，堆成一小堆。看着这一小堆谷子，他们连声说"真不容易"。最难的是去壳。学校的校工跟孩子说这是手工没有办法完成的，最后就只好这样装袋了。一斤一袋，家长和老师都来竞拍。我也拍得一袋，就放在学校的校史馆里。

养殖区养着小兔子、小羊、小狗。每天都有孩子来给它们喂食。一到上美术课要画小兔、小羊、小狗的时候，他们就直接到养殖区来，照着画。这可比在教室里对着黑板画要有趣多了。小羊有七八只，最早是准备养了吃的，但显然不可能了，因为孩子给每只羊都起了名字，已然把它们看作了班级的一员。

农庄里有大塑料棚，有小木屋，有支在草地上的大帐篷，每逢班级活动课、阅读课，老师就组织孩子们到这里来上。青青的草地上，孩子们围坐在一起静静地低头阅读的画面，是学校最美的图景之一。

农庄里还有一个小水塘，是我们专门挖的，今年投下去一万多尾蟹苗。到了市场上到处都响起卖蟹的吆喝声的时候，我问负责养蟹的那个班的学生："你们的蟹呢？"回答是："不见了，一只也没有看见。"听说都爬出去了。明年我们准备用铁丝网网住水塘四周，看它们再跑到哪里去。

2018 年 3 月

/"白云"变成了"海豚"/

学校的游泳馆整体设计得不错，有 6 条 25 米长的泳道，水深 1.8 米，还是比较专业、规范的。有一天，设计师拿来效果图，我一看，不怎么满意，总觉得缺点儿什么，没有亮点。什么是亮点？让孩子眼前一亮的就是亮点。他们第一眼看到这样的游泳馆，会发出一声惊叹吗？我估计有点儿悬。游泳馆的吊顶非常一般，随处可见。但做一个什么样的吊顶会让孩子惊叹呢？一时还真想不出来。让设计师再出方案，设计师叫苦了：不这样吊该怎么吊呢？

每年暑假，我都会陪家人去有海的地方休息几天。这一年我们去的地方是巴厘岛。我一边度假，一边想学校的事。那天我仰躺在沙滩上，看着蓝蓝的天和朵朵白云，突然心头一动：如果把学校游泳馆的吊顶改成朵朵白云的模样如何？里面装上白色的灯，不就和朵朵白云一模一样了吗？游泳池上空飘着朵朵白云，不就有了点儿大海的意思了吗？孩子们一定喜欢！我一下子兴奋起来，起身就跑回房间，在白纸上随手画了起来。先画圆形的，看起来不像白云，后画条形的，觉得不够生动，最后我发现如果是波浪形的，会非常优美，而且更富白云的意蕴。我把我画的草图拍下来，用微信发给设计师，设计师也觉得不错。我回到上海后，设计师把效果图拿给我看，看上去非常不错，吊顶既有白云的美感，又有照明的功能，效果应该非常好。

2016 年 9 月，游泳馆建成，正式向孩子们开放。一群小孩子拥进游泳馆时，纷纷惊呼：“海豚，海豚！”在孩子们的眼中，朵朵“白云”倒映在泳池里，一点儿也没有白云朵朵的感觉，在轻轻晃动的水波中，倒更像是游动的大鱼。哈哈哈，我当时在现场，禁不住哑然失笑。我费了老大的心思做的朵朵白云，在孩子的眼里瞬间变成了海豚。不过，我仔细看了看，发觉还是孩子们有想象力。确实更像海豚哪，而且更生动。

/ 请坐，这里有椅子 /

如果要你到一所学校去，给你五分钟时间观察，让你初步判断这所学校怎么样，你会怎么判断？依据什么来判断？校容、校貌是一个方面，另一个方面也许更重要，那就是学生的精神面貌和行为礼仪。

学生的活力应该在操场上、运动馆里去展现，但在校园里的其他地方，我希望看到的是谦谦君子，是温文尔雅的少男少女。但现在的学生真的是精力过剩，一冲出教室就开始奔跑、打闹。一来不文明，二来容易出事故。现在有的学校采取了“圈养”的办法，但“圈养”的办法实在太野蛮了，我不忍心用啊。有没有更好的办法呢？有没有什么办法能让他们稍稍放慢脚步？有没有什么办法能稍稍安定他们飞扬的心性，能让他们静静地观察和体味一下擦身而过的时光和风景？

有一天，我看见一幅画。它极平常，却又极令人震撼：一位美丽的少女，端坐在公园里常见的那种长条椅上，手里捧着一本书。画面呈现的，就是少女看书看累了，停下来小憩的那一瞬间。那纯净的目光、平静的面容，极美。我当时心里一亮，为什么不可以在校园里，随处安放这种好看又舒服的椅子？风和日丽的时候、微风轻拂的时候、晨起暮归的时候，它们在校园各处静静地等候着孩子，静静地提醒着孩子：“请坐，请坐，你可以停下你奔跑的脚步，依在我的身旁歇息歇息；你可以暂时安静一下，看看天上的云、地上的草。你可以停一停啊！请坐，请坐……”对！我要让沉默的椅子说话，对孩子发出静下来的呼唤！

但这又太一厢情愿、异想天开了吧？要实现可不是件容易的事。我先买来 10 把长条椅 —— 铁架子上搭棕红色胶木板 —— 放在教学楼前的草坪旁。我的办公室正对着它们。下课了，我看到孩子们冲出来，从这些长条椅旁跑过，像没看见一样。没有人坐下来呀，一点儿也没有坐下来的意思。

看来，这 10 把长条椅没有起到应有的作用。这样的椅子孩子们不喜欢，没有吸引力。孩子们没有跟它对上话。显然，是椅子没开口说话。那么什么样的椅子才能跟孩子们对上话呢？其实这个问题很好解决 —— 问孩子们呗。

我们找来很多椅子的图片给孩子们看。孩子们一眼就看中了跟他们有话说的椅子。孩子们选的不完全一样，但都有一个特征，就是造型优美、充满童趣又不失庄重。最后我们选择了三种不同类型的室外长条椅，将其散布学校各处，整整 40 把。

这些长条椅安放好的那一天，孩子们围着这些椅子转过来转过去，坐下又站起，站起又坐下，一面辨别着它们与那天在图片上看到的椅子的区别，一面争论着到底哪一种更好看。他们开始喜欢上这些椅子了，他们和这些椅子对上话了。

在这些椅子的旁边，花匠们放置了许多木质花箱，里面盛开着各式花朵。在一排椅子之间，又安放着小书屋，里面摆放着孩子们喜欢的图书，他们可以任意取阅。

孩子，在我们美丽的校园里，请坐，这里有椅子。室外有，室内也有，在走廊、拐角，在稍宽敞、僻静一点儿的地方，都有桌椅请你坐下来。你坐下来，就可以思考、阅读了。你在操场上、运动馆里奔跑腾跃，是在成长；你在这里坐下来思考、阅读，一样是在成长。

/“发呆屋”/

“孩子一发呆，就成了哲学家。”不记得是在哪里看到过这句话，深以为然。发呆是孩子在成长过程中的一个积淀、一种清理，或者只是一刻的犹疑。总之，孩子有权利发呆。但我到网上搜索“孩子发呆”的关键词，竟然看到的多是焦虑的家长的指责，还有很多人是在“讨办法”：“我孩子经常发呆，怎么办？”“我孩子能盯着一样东西三五分钟，眼睛都不动一下，这不是有毛病吧？”“我跟孩子说话，他常常根本就没听，事后也完全不知道我说了啥。”……我要说，孩子有权利发呆。事实上，我们谁没有发过呆呀？

当然，上课的时候不能发呆。但你让孩子去哪儿发呆呢？路上？不可能。寝室里？太吵。学校里到处都是人，孩子在任何时候都处在公共场合下，都在“看”和“被看”着，没有独处的空间和时间。这对孩子的心理发育和心智成长是不利的。

要给愿意在某一刻独处的孩子一个独立的小空间。想到这，我的第一反应是，这个地方必须是安全的，必须在室内，必须与外界相通，不能由孩子从里面把门反锁。但它具体应该是什么样子呢？一时还真想不出来，总不能搞成黑屋子吧。好在上海是一个资源相对充沛的城市，于是我派出队伍，到各大游乐场去探访。可一番奔波下来，竟然一无所获。我换了一个思路，既然是在室内，就从室内的有关场所找吧。咖啡屋、茶室、书吧，从这些地方找找看。很快大家就有了收获，发现了几个独具匠心的设计。但具体讨论的时候就发现，不合适。有的在里面喝茶可以，但太通透了，达不到发呆的效果。有的设计得真好，但是孩子到了里面，肯定会被小屋本身吸引，也起不到发呆的作用。但这两种设计启发了我们。我们的“发呆屋”从外形看，要很特别，能吸引孩子进去，但是内部又要简单，不能太复杂、太让人感到惊奇。另外，与外面要遮而不隔，这样才能既保证孩子的安全，又不至于太通透，失去私密性。于是我们把设计师叫来，把后勤中心的同志叫来，把心理老师也叫来，大家一起商量、设计。

画出草图后，我们立即约了家具厂的师傅。师傅看后完全不知道这是什么，完全报不出价格，因为不知道要怎么做，要用多少材料，要费多少工。最后商定，先做，做好后算料、算工，按成本价给我们。听了我们的介绍，他们料定这个东西有市场，其他学校看到后也会要，便想把这个“版权”拿到。我们爽快地答应了，东西做出来之后，发明权归他们。于是过了一个月，一辆大卡车把三个东西运了进来。所有工人都来看，追问我们这是什么，是做什么用的，我们一概笑而不答。运上楼的时候，遇到一个意想不到的困难：图书馆的门不够大，只得临时将它们拆成两半，挪进去后再装上。当天我拍了好多照片，发在微信朋友圈里，请大家猜猜这是做什么用的。得知这是专为学生做的“发呆屋”时，好多家长说：“想想都为你们感动。”

听工人师傅说，造这个东西老费料了，因为所有的弯曲材料都是用大块木板锯出来的。但我觉得值。我开玩笑说，一个小孩子走进去待了一会儿，再走出来的时候，咦？变成哲学家了！这肯定是值得的。开学后，孩子们抢着要进去体验。有老师提议，干脆再多做几个，我连忙说使不得使不得，大家都发呆了，不学习了？后来我还是没有用“发呆屋”这个名称，翻了半天书，起了个好听一点儿的洋名——Brown Study Station，翻译过来就叫“冥想小站”。

最近听那个家具厂老板说，他们已经把这个“发呆屋”列入产品目录里去了，销量还不错，长三角的学校定了几十个。我有点儿后悔了，倒不是因为没收“版权费”，而是大家都在校园里摆这个东西，我这个会不会就不那么独特了呀？不过，后来又一想，没关系，我们是正宗的原创者。这还是一件蛮令人骄傲的事。

2017 年 5 月

美是学校应有的样子

曾有设计师拿着一所新学校的设计图给我看，请我提点儿意见。我一看，这所学校设计了七八幢房子，一字排开，整齐划一，气势宏伟。我对设计师说，学校建筑重在美，不重在气势。正所谓"大学者，非谓有大楼之谓也，有大师之谓也"。这说的是大学。中小学的建筑就更是如此。我建议设计师不走这种整齐、宏伟的设计路线，而用分散布局、移步换景的设计路线，把力气花在校园小环境的设计上，其主旨应该是美。

/ 啊，冷露无声湿桂花 /

学校 2 号楼是双语初中部，3 号楼是国际部，2 号楼和 3 号楼之间的角落，夹着一栋 12 号楼。这样在 2 号楼和 3 号楼中间，就隔出了一小块半封闭的空地。我看到这个地方的时候，那里堆满了垃圾，靠里边有一棵树，那个时候也没有认真看是什么树，只记得它孤零零地立在那里，旁边杂草丛生，后面就是学校围墙了。这就是平时我们称为"死角"的地方。由于三栋楼靠得太近，这里很难照到阳光。我来工程方的负责人，询问这里怎么处理一下，也没有得到什么特别的建议。过了没多久，我发现树的旁边砌了一堵矮墙，将杂草和树挡在里面，看上去整齐了一点儿。

考虑到 3 号楼作为国际部的需要，当初设计的时候我们就将一楼三个大自习教室连在一起，还在南边设计了一排落地窗，气派又时尚，目的是想大面积地把阳光引入自习室，给国际部的孩子们提供一个明亮的学习环境。与工程人员商量后，我们决定把这些落地窗都改成可以打开的玻璃门，这样孩子们可以随时走到外面去。在外面这一块区域，也就是那块死角的地面上，全部铺上防腐木，在通向 2 号楼的那一边，安置了一排木栅栏。我们又专门打了两张北美风格的木质长桌椅，还专门购置了一个大帐篷，在里面支上一张大桌子，摆上六把藤椅，然后把一些盆景都摆上。这个死角一下子变得“高大上”了。不但国际部的孩子经常在这里看书、写字，其他学部的孩子也经常来这里看看、坐坐，外教们课余也喜欢端一杯咖啡坐在帐篷里聊聊天，或者找孩子谈谈话。

但是，我总觉得哪里不舒服、不到位。有一天一大早，我又一个人漫步到这里。孩子们还没有起床，校园里一个人也没有。我呆呆地看着这个地方，忽然明白了问题出在哪儿。就是那棵树。它被一堵矮墙挡在外面，看起来好像是多余的。它委屈万分地躲在杂草丛中，想出去吧，有学校的围墙挡着；想与人亲近一下吧，又被另一堵矮墙挡着，再加上学校围墙还没有装饰，这里便成为一个被遗弃的角落。仔细看这棵树，原来是棵桂花树。这可真宝贵。在学校为数不多的桂花树中，这一株最大，树冠最完整。

我找到后勤中心主任，让他把矮墙打掉，把防腐木一直铺到学校围墙边，树的周围同样用防腐木围成一个四方形，上面可坐可躺，里面种上花草，还埋了两盏景观灯。我又找来园艺师傅，把树修剪了一下，晚上景观灯一打开，非常漂亮。过了几天，我又安排人把围墙处理了一下，把水引了上去，这样，一打开水龙头，水就从围墙顶部潺潺流下，淌过被设计得凹凸不平的墙面，发出隐约可闻的潺潺水声。秋天来了，桂香满园，坐在桂花树下看看书，聊聊天，真给人枕石漱流的感觉。很快，这里便成为学校新的一景，常常有老师、学生拍下来到处转发，并称其为“桂园”。

2016 年 10 月的一天早上，小雨，地面微湿，空气中有着一丝丝寒意。我巡视校园，走到桂园，一下子惊呆了，真正见识了什么叫惊艳。金黄色的桂花落了一地，地面已经被微雨浸湿，落地桂花也湿润润的，铺了厚厚的一层。我掏出手机，连拍几张，随手发了出去。朋友圈里也是一片惊呼，连问这是哪里。

教师队伍里有才子，微信朋友圈里很快就有诗作出现：“夜雨轻风桂满地，踏痕难觅立足痴。甜香入梦谁人醉？遍地金黄秋已辞。”那天，我忍不住去了好几次桂园。我想提醒孩子们，从桂花跟前走过的时候，不要踩踏她们，让她们多留几天，甚至到永远。老师告诉我，不用提醒，没有一个孩子忍心踩她们，甚至没有一个孩子捡起一朵两朵，他们只是远远地看着，笑着对老师说，这桂花真美。

差不多整整一个月后，桂花干了、残了，但还是原样铺在那里。我恋恋不舍地叫保洁阿姨轻轻地扫了，她也不忍心把她们倒到垃圾桶里去，而是装在一个袋子里，放到仓库里去了。

/ 有露台的学校 /

不记得在哪本书上看到过一句话，说一所学校如果有大大小小几个露台，就有韵味了。看到这句话的那一刻，我心里暖暖的，觉得说得对，但似乎少见有露台的学校。2013 年，在台湾政治大学参加“经典阅读与应用 —— 儒道教化对青年品格素养之提升”国际学术研讨会时，我从会场的窗户往下看，看到了另一栋建筑有一个大露台，上面摆放着一些桌椅，还有收起来的太阳伞。当时感觉很羡慕，觉得如果自己的学校有这样的露台，老师们就能在教课之余到上面喝杯咖啡了，那该是非常惬意的。

所以，到了“新纪元”后，第一次看到设计图纸，就开始找可以设置露台的地方。在图纸上看不清楚，就到现场看。我第一个去的地方就是图书馆。不看则已，一看心花怒放。图书馆外有一个超大的平台，大概有300平方米。但原设计人员显然没有准备把它当作露台来设计，因为挨着这个大平台的，是几个教室一样的房间，而且没有通向这个大平台的通道。显然，设计师没有露台的概念。于是，我紧急与施工方协商，修改方案。第一，将这几个房间全部打掉，与图书馆的空间连成一个整体，空间感一下子就出来了。第二，将几个房间面向平台的这面墙全部做成玻璃门，每一扇门都可以通向平台。第三，为了保证视觉效果，将这个平台栏杆的上半部分全部安装上玻璃，高度以孩子坐下来能看得见外面的风景为准。

图书馆上面一层是学生剧场，学生剧场左侧，又是一个大平台，也足足有300平方米。站在平台的栏杆边往下一瞧，啊，太惊艳了！因为图书馆是一栋自上而下逐层向外扩展的建筑，所以从这个平台往下看，可以看到图书馆下面一层的平台伸展出来。如果从空中看的话，可以看到两个大平台呈阶梯状展开。我心想，必须要用好这两个大平台，这里今后可能成为学生最喜欢的地方。那几个月，我每隔几天都要来这里瞧一瞧，看看工程队是不是按我的意思在施工，有没有随便改我的图纸。

过了几个月，基本完工了，我再来看，真心不满意！露台的地面，怎么能铺广场砖呢？这太硬了，太冷了。露台，是室内向室外的过渡，它的存在既拓展了室内的空间，又点缀了室外的风景。可这种广场砖一般只用于室外，显然不适合露台的特质。但已经全部铺好了，没办法改了。跟工程方沟通无果后，我毅然决定，自己找一个工程队，在上面直接铺防腐木地板。成本当然增加了，但不改过来真心不舒服。我要用木质材料的温柔感、亲切感给孩子们一个暗示：到室外来享受阳光吧。这才是露台的作用啊。

木地板铺好了，工人问我刷什么漆。我说上清漆，一来环保，二来原木纹会给人亲近大自然的感觉。9月，学校开学了，我们专门定制了木质的室外椅，还购置了室外太阳伞，方便孩子们在有阳光的时候坐在露台上看看书，做作业。我们还沿栏杆摆放了许多花箱，鲜花盛开时，煞是好看。在图书馆下面一层的平台上，我特意定做了一个小木阁，心里想着如果有小鸟飞到上面，意境就更足了。

国际部也不能没有露台，但原设计师似乎没有考虑到这个问题。好在是可以加的。我在一楼右边走廊那里加了一个过道，这样二楼就自然多出一个可以做露台的地方了。虽然小，但铺上木质地板，放一张小桌、四把小椅，在阳光午后，让老师在这里小坐一下，聊聊天，也是非常舒服的事。

在3号楼与5号楼之间有一个小房子，这个小房子没有什么用，原来是准备拆掉的。我要求保留下来，然后把3号楼三层一间办公室的窗户打掉，以便师生可以从这里直接来到小房子的屋顶。于是我又有了一个露台，而且这露台还不小。就因为这个露台，我把学生发展中心的办公室设在这儿，这样，老师在与学生谈话的时候，就多了一个室外的空间。

既然我这么热爱露台，那校长办公室也要有一个露台。现在只要天气好，同事来我办公室商量事情时，我都在露台上办，我称之为“公开办公”。这样算下来，“新纪元”就有了大大小小的5个露台。

在不久的将来，我还要在主楼的楼顶建一个大露台。这个楼顶共有1000多平方米，分成高低错落的两层。从钟楼上去，从楼道口出去，是第一层，有300多平方米，我准备做屋顶花园，广植花草。花不求名贵，草不求精细，但必须茂盛、鲜艳。中有小径，用大木横锯成的一个个圆形块铺就。通过木架子搭成的一个梯子往上走，就来到上一层。这一层分成两大块，一块是阳光屋，约500平方米，我准备做一个咖啡屋，让老师在这里备课、讨论，和学生谈话、面批作业；另一块大约200平方米，我觉得可以做室外茶室，用可收放的帐篷遮阳，靠边放大茶桶，可以随意取用，中间放小桌，可以慢慢品茶。

现在，我已经把阳光屋整个钢架都架好了，正在向有关部门申报，获得在钢架上安装玻璃的许可之后，这一切就可以实现了。那时，我相信，这个地方将是最受师生欢迎的地方。露台、屋顶花园、阳光屋、茶室兼备，哪里能找到这样好的学习环境啊！哦，我还忘记说了，从这里往下看，往远处看，能看到什么？——碧绿的菜地！

/ 美丽的夜 /

“新纪元”是一所寄宿制学校，所以夜景很重要。我上网查了一下，倒真没有看见哪所学校在打造夜景。我有一个信念：要让孩子们喜欢上学习，首先要让他们喜爱上这个校园。白天看上去不错的校园，到了晚上一片漆黑，那多让孩子们失望啊。但在校园里怎样打造夜景呢？

灯！夜景肯定离不开灯。夜幕降临，华灯初上，孩子们吃过晚饭，怀着欣喜的心情走进教室，开始一天最后阶段的学习，该是多么美妙的事。但这是校园，这个“华灯”的概念合适吗？

灯不能太华丽，因为学校不是商业项目，不是为了吸引人流；灯也不能太明亮，因为即便把校园照得亮如白昼，也吸引不了孩子们。梦幻！有一天，我忽然想到这个词，我要把校园打上一点儿梦幻色彩。孩子们上完晚自习，从教室里走出来，迎着吹过面颊的晚风，从那梦幻一般的校园走过，走到温馨的寝室里，会不会睡得特别香、格外美呢？

第一要找路灯。不要那种大白炽灯，不要大街上那种伸出来或吊起来的路灯，而要那种收在一根管子里的灯。灯光柔和地打出来，既不晃孩子们的眼睛，又能照清路面。还真让我们找到了。现在校园里各条路，包括操场边，装的都是这种灯，效果不错。

第二要找壁灯。学校一定要有壁灯，壁灯的效果不可替代。但用什么样的壁灯呢？反复与设计师沟通后，我们决定用双头壁灯。这种双头壁灯打开后，可以在两端各打出一个扇形的光影，映衬着建筑的墙壁，会产生一种奇妙的对衬美。为了试验效果，当天晚上我们就在学生宿舍入口处试装了一对，果然不错。就是它了。现在，在学校外墙和走廊的墙壁上，全装上了这样的双头壁灯。夜幕降临时，它那种淡淡的光，映衬着学校建筑赭红色的外墙，颇有些意境。

第三要找景观灯。地灯是少不了的。学校有很多树，在树下埋下地灯，树冠就有了梦境。学校虽然不大，但有好几块草坪，我们在草坪四角，又安装上短一些的管灯，大约 40 厘米高。管灯投射出四周大约一平方米的光影，将白日里平常的草地晕染得异常美丽，展示着丝丝小草的生命之绿。

2016 年的一个夏日，大约是凌晨 4 点钟的时候，学生宿舍的生活值班老师给我打电话，告知有个学生腹痛。我连忙起来，与生活值班老师一起处理。走出学生宿舍的时候，天已经微微亮了。我想很快就要吹起床号了，反正也睡不着，就在学校走走吧。教学楼、宿舍楼、体育馆、食堂……栋栋建筑都静静地伫立在校园里，路灯、壁灯、地灯都亮着，偶有走廊里的灯微微亮起，将凌晨的校园装点得如同梦境。我漫步在这样的校园里，真有一种美景独赏的感觉，于是拿起手机连拍了好几张，发在朋友圈里。竟然有朋友也没睡，瞬间点赞曰：“多么美丽的夜！”

不过，这美丽的夜还是有点儿遗憾。学校主楼的楼顶有一个钟楼，钟楼的楼顶原设计有一个大的塔钟。这个塔钟既可以报时，又可以做学校的主灯。我们与国内最大的塔钟生产厂家都谈妥了，高 6 米，两面走针，四面发光，音乐报时。但城管部门说，崇明岛是上海的生态岛，建筑是限高的。我们这个钟楼的高度还在规定的范围内，但要再加上 6 米的塔钟，就超高了。真是令人遗憾万分。但我还是不死心，偷偷留下了立塔钟的方钢柱。我想，也许有一天政府可以放宽规定，那时我一定要把这个塔钟竖起来。学校里高高竖立的塔钟，会成为多少学子心中的灯塔啊。无论他们走到哪里，都能看得到。

2017 年 4 月

一所鲜花烂漫的学校

我心目中的理想学校是什么样子的呢？绿树成荫，鲜花盛开，林间散落着一些小木屋，孩子们白天在这些小木屋里上课，晚上就住在里面。鲜花映照着孩子们的脸庞，温暖着孩子们的心。我们当老师的，穿梭其间，静静地看着他们。就是这个样子的。但一听就知道，理想是够理想了，估计难以做到。上海寸土寸金，要绿树成荫，我没有那么多地。教室、宿舍都用小木屋，估计消防局的同志们会找上门来。不防火，不安全哪！

但我觉得，学校就应该是这样的。我舍不得放弃这种美好的设想。虽说我做不到绿树成荫、鲜花盛开，但至少要把这个味道做出来。我想到的可以做的第一件事，就是在学校的一些关键地方铺上木地板。我找到的第一个地方，是学生宿舍和专家楼之间的一块空地，这是学生每天从教学楼回宿舍时必须经过的地方。空地的一边是学校的小超市，另一边是学生宿舍的小花园。如果将这块空地铺上木地板，每天学生上下课走过它的时候，是不是就会产生亲近自然的感觉？后来就按这个想法，把这里铺上了木地板，效果果然不错。木制品与水泥制品，给人的感觉真的不同。

国际部的前面也有一块地。当我看到这个地方的时候，这里还是建筑队堆垃圾的地方。它的右前方是教师宿舍，左前方则是几棵大树。中间有一条道，可以通向教师宿舍。这个地方，铺大理石没必要，因为它不是师生必须通过的地方；铺草皮也不合适，因为它比较背阴，教师宿舍把它的阳光遮掉了一半。用什么办法可以让这个地方明亮起来、温暖起来呢？我当然首先就想到了铺木地板。事实上，木地板一铺，摆几盆绿植，支起一个大帐篷，放上几把室外椅，这个地方一下子就变了个样子。

学校有一个下沉式广场，本来我想从上到下全部铺防腐木地板，但工程方的人说，崇明这个地方雨水多，下雨的时候若排水不畅的话，木地板就会被泡在积水里。那就把广场四周铺上木地板，并种上十几棵大树。总之，要木制的，不要水泥制的。

还有一小块不规则的地方，就是学校中心洗衣房前面。学生每天都要送衣服来洗衣房，人来人往，铺草皮是不行的。但在这里铺上大理石，感觉又不好，因为旁边就是运动场，另一边则是学校里的一条小河。我们还是按照“亲近自然”的想法，把这里铺上了木地板，效果一下子就出来了。小学一楼的走廊铺的全是木地板，孩子们一走出教室，就能踏在木地板上。

小木屋的理想，被迫用室外木地板来代替，心里多有不甘。后来，我在一本杂志上看到一个房地产广告，在该小区一些比较僻静、花木比较茂盛的地方，点缀着一些两米高的小木屋，原来很呆板的僻静角落就立马生动起来了。估计这个设计师心里也有一个如我一样的木屋情结，现在通过这个办法来实现了万分之一。哎！我们学校也可以照这个样子来它十几个。于是，我们马上请了一家木制品公司的工人师傅，到我们学校现场制作了十个。这样的小木屋主要是做营造意境用的，它与环境的衬托非常重要。那一天，我亲自指挥工人师傅把它们安置在学校的各处。我选的都是花木葱茏的地方。这些小木屋由树木或草地衬托着，与整个环境形成一种呼应、一种点缀的作用。那一天，天气也特别好，我随手拍了一些照片，发在微信朋友圈里，请大家猜这是做什么用的。答案五花八门，倒还真有人猜中了：“没有什么用，就是起装饰作用的。”其实，只有我自己知道，这是满足我

心目中的一个梦想 —— 让孩子们在小木屋里学习和生活。虽然这些小木屋并没有什么实际的用途，但让人看着心里舒服哇！

小木屋就这样了。那么，鲜花盛开呢？

鲜花盛开是有可能做到的。第一，栽种鲜花并不需要成片成片的土地，用花盆就可以。第二，花盆的摆放有多种形式，可以摆在花架上，也可以挂在栏杆上，甚至墙上。第三，花盆可以移动，可以用在不同的场景里，需要的时候，也可以摆放在室内。

我用了差不多两年的时间来做这件事。一句话，要让所有来我们学校的学生、家长、领导、同行，一进校门就能看到四个字：鲜花烂漫。我可以自豪地说，我做到了。我现在也算得上是一个鲜花摆放专家了。且听我一一道来。

客人们来到我们学校，首先会被挂在学校大铁门上和门柱上的一排鲜花吸引。大朵大朵的红花，在花盆里盛放。两边门房的所有窗台上也都摆放着铁艺做的花篮，里面也盛满了鲜花。虽然我们学校的校门没有高大的门柱，门房也没有富丽堂皇的门厅，但那一排鲜花却让人感觉到春风拂面。

走进学校，就进入了一个鲜花烂漫的世界。迎面是一块大草坪。这是一块微微有一点儿坡度的大草坪。坡顶处，两个大大的木桶倒在草地上，里面流淌出一大片花团锦簇。这是我的得意之作。在它旁边，则置一辆大花车，栽种了整整一大车的鲜花和绿植。草坪右半部分是若干棵大树，每棵树的树干上都挂着花篮。左半部分没有种树，绿地上斜卧着一段粗大的枯木，树干被挖空了，种上了多肉植物和鲜花。枯木的旁边，摆放了一大两小三个花瓮，也装满了鲜花和绿植。

往里走，沿着这块草坪左拐，有一排木质的便道。靠草坪一面间隔摆着公园长椅和花箱。六七棵高大的樟树排成一排，樟树下两米见方的树坑被木桩围成一个四方形的大花箱，里面全是鲜花。每一棵树上都挂着两个花篮，里面是绿色的垂吊植物。上下相映，煞是好看。便道的左边是学校的 2 号楼，门厅檐上，紫色的藤萝挂了一大片；门厅柱子上，及一排教室的外墙上，十几个花篮一字排开，全是灿烂的鲜花。

大草坪附近的这块区域，是学校摆放鲜花比较集中的地方。第二个区域是学校的下沉式广场。从校门口这块大草坪走过去，是学校最长的一条路，右边是 10 号楼，外教都住在这里。窗户下是绿化带，同样种植着一排樟树，每棵树上都挂着两盆花。路的尽头就是下沉式广场。迎面看到的是一面大大的花墙，高三米，墙面上全是鲜花，其中红色花朵织出“NEBS”四个字母，这是学校英文校名的简称。我曾在我们家附近的商业广场看到了这堵花墙的式样，很喜欢，便将创意移植到我们学校来了。这堵墙的打造其实颇费了一番心思。这面墙原先就是一堵半弧形的水泥墙，厚达 30 厘米。我曾有个想法，就是在距水泥墙四个边沿 10 厘米的地方切出一道槽，并将四道槽中间的一大块敲掉，保留切割形成的粗糙表面和边框，然后以之为背景粘上用世界上各种文字写成的校训。这个设想非常特别，也是我非常得意的创意，但是最后不得不放弃，因为一方面，施工难度大；另一方面，这些语言文字的材质很难选。用金属？制作起来会非常难，成本也会非常高。用塑料？没有我想要的那种味道。也曾想过用一块一块的木板先制作好，再挂上墙面，但那种特别的风格就没有了，相当于挂了一块一块的牌子。我在好多学校都看到过，也不错，但不是我要的风格。最后都放弃了。虽说到现在我还是非常舍不得这个创意，但眼前这一堵花墙倒是非常切合“鲜花烂漫”的校园风格。

下沉式广场四周都是木地板，但底部铺的是大理石，整体的感觉比较硬、冷，于是我在下沉式广场中央摆了一辆鲜花盛开的大花车。有了它，整个广场的色调顿时就亮了起来。广场四周也有一圈树，每棵树的下面也围了一个大花箱，树上则挂上花篮。在下沉式广场四角，再辅以另外两辆花车和两组花瓮，鲜花烂漫的氛围就很浓了。

花箱是特别有情趣的摆设，里面盛放着大朵大朵的鲜花，非常茂盛、热烈。学校有一条小河，小河岸边围着铁质栏杆，栏杆下沿河岸一字摆满了花箱。春天，鲜花倒映在河水里，分外妖娆。小学部教学楼是一座三层的楼房，一楼的每个廊柱旁都摆了一个花箱，二楼、三楼走廊外侧，则每隔一米就悬一个花箱，种上有垂感的花草，看起来非常高雅。学校运动场有一个司令台，司令台设计得有点儿问题，太高了，这样，师生就不得不面对一个差不多一米五高的墙面。孩子们面对一堵墙做操，单调而压抑。于是我在墙上高低错落地悬挂了一些花箱，嘿，感觉立刻就不一样了。

花架是可以直接放入室内的。这回我不用木质的，改用铁艺。非常古典的那种。教学楼、宿舍、实验楼、图书馆都摆放上，门口放两架，办公桌旁放两架……师生想放就放，到后勤处去领就可以，就一个要求，谁认领的谁养护。在我的理想中，最美的就是让孩子们走进花海，但是“臣妾做不到哇”！那就让花走进孩子们。虽然不尽如人意，但有总比没有强。

我念大学的时候，读教育学。教科书上关于教育、关于学校，有一个基本的命题——“教育要适应社会”，但30多年的教育工作做下来，我形成了一个非常鲜明的认识：学校不应是社会的附庸，而应是有别于社会的一块圣地；学校应该是社会的堡垒，教育工作者应该给孩子们一块不同于社会的纯净之地。今后，孩子们的工作和生活不一定处处都有鲜花的环绕，但在学校，我要教会孩子们，生活是美好的。朵朵绽放的鲜花，是母校赠予他们未来生活的美丽寓言。

在美这个方面，我坚信：好孩子都是富养出来的。

2017年10月

把学校还给学生

学校是为谁建的？当然是学生。但是有几个建学校的人能够每时每刻都想着学生？我还真表示怀疑。把学校还给学生吧！学校本来就是为他们开的，本来就属于他们。

/ 给学生一张“豪华的床”/

我念高中的时候住过校。十几平方米的房间，住八个同学。隔壁跟我们一样大小的房间里，住着我们的邻居——（学校养的）十几头猪。晚上我们可以清晰地听到它们的鼾声。但我们的床比它们的好，我们没有直接睡在地上，而是睡在用砖头搭的台子上，上面还铺了厚厚的稻草，很软，很舒服。我们一个班二十几个同学，就是睡在这样的床上考上北京大学、中国人民大学、北京师范大学、中央财经大学、中国政法大学的。我大学毕业做了老师，看到过许多学校的宿舍，那条件好多了，都有正式的床了，而且上下两层都可睡人，还是铁制的，叫铁架子床。当然也有木制的，叫木架子床。到上海后，又看到了上床下桌的那种组合床。上面提到的各类床，一般家庭里是没有的，似乎只有学校有。这就是我心目中“学生宿舍的床”的概念。

后来有机会出国，参观了美国、英国等国家的学生宿舍，发现他们学生宿舍的床与一般我们在家里看到的床是一模一样的，他们没有“学生宿舍的床”的概念。在英国的伊顿公学，一个学生甚至可以住一间房，里面配备一个独立卫生间；老师也住在这一栋楼里，住的房间跟学生住的是一模一样的，不过有孩子的老师可以住两间。房间里的床啊，桌子呀，椅子呀与一般家庭里的没有任何不同，尤其是那张床，厚厚的席梦思床垫和羽绒被把床堆得高高的，给我留下了深刻的印象。看来我对学生宿舍的既有认知是狭窄的。我潜意识里认为，学生宿舍的一切本来就应该比家里的要差一点儿，这种想法恐怕与我中学时代曾与猪为邻的经历有关。

当我为我们学校的学生选择床的式样的时候，我的第一个想法是，不要那种上下铺的架子床。但很快就发现不可能。宿舍房间的面积不允许我这么任性。我只能退而求其次。小学低年级的学生不能睡架子床，中学生的架子床要有私密空间，要能够给学生们一种“我的小窝”的感觉。当我把我的想法跟家具厂的设计师说清楚之后，很快设计图纸就来了。说真心话，这是一个有才华的设计师，他设计的每一款产品我都喜欢。在他的设计下，整个房间被连贯为一个整体，而没有架子床给人的零碎感，同时每个学生又有属于自己的空间。那种强烈的空间感、那种对空间感的精心呵护，透露出对每一个学生的尊重和爱护。我是发自内心地喜欢，我敢担保，学生一定也特别喜欢。

但是，同事们没看到过这种床，不太适应，各种质疑声都来了：“不实用”“占空间”“不安全”“太贵”“好看有什么用”。请购报告迟迟批不下来。我知道同事们对付我最有效的办法来了，就是拖。但我拖不起，学校开学在即呀！我的办法是各后退半步。小学的床铺是我和后勤主管亲自设计的。与床连成一个整体的柜子上，专门设计了可以放小玩具和爸爸妈妈照片的搁板，可以让学生有一个“我的空间”的归属感。中学的宿舍就颇费些周折。我始终坚持要与众不同这一基本原则，要让学生一进宿舍就感觉到这一点。所有已经在我脑子里的床的样子我都不选，同时还要保证环保、成本控制和牢固度。我在大学的时候是睡上铺的，屋顶的灰经常会掉下来，让人不胜其烦，所以

我要求上铺也像下铺一样有一个顶。这样睡上铺的同学也会有种归属感，晚上会睡得更香。样床来了，我亲自爬上去躺着体验了一下，觉得有点儿压抑，就把这个顶改成通透的，由一块板子改为格子式的。第一批床就这样定了。2015 年，学校试用第一批床的结果表明，有学生调皮，喜欢双手吊在这个格子上荡着玩，这太危险了。安全永远是第一位的，于是我放弃了上铺安装顶架的选择。2016 年的床，上铺就没有这个架子了。虽然心里非常遗憾，但在我眼里，这已经是一个相对比较“豪华”的床了。

为了弥补这个遗憾，我坚持在每个寝室里都配一个沙发，有沙发的房间就有点儿家的感觉了。事实证明，用心了，就一定能得到学生们的认可。生活老师发来照片，都是学生们看到我精心为他们打造的床时那张张开心的笑脸。看到这些，我觉得所有的辛劳和委屈都是值得的。有一天，我到宿舍查房，问学生们喜不喜欢自己的床，他们回答我:“这才是豪华的床。”这就是“豪华的床”这一说法的由来。

/ 课桌椅不要成为学校“第二丑” /

长期以来，我国中小学校服的款式单一、面料粗糙，虽说是出于经济实用的考虑，但整体缺乏美感。除此之外，不知大家是否注意到，我国中小学课桌椅的样式也比较单调，不够美观。

课桌椅一要坚固，二要舒服，三要好看。这三者不一定是完全统一的，于是大家不约而同地牺牲了好看，勉强照顾到舒服，最后坚持了坚固。我到过好多非常不错的学校，甚至是名校，但也概莫能外。

因此，在选我校课桌椅的时候，我暗暗地下定决心，不仅要选非常坚固、舒服的课桌椅，也要选好看的课桌椅。

当我拿到设计图的时候，真是非常失望。我当然不愿说它丑，但一般化、没个性、不好看则是肯定的。如果我不准备办一所有美感的学校，这个样子是可以接受的；但如果我真心想办一所有美感的学校，这个样子肯定是不行的。我找来几家家具厂的设计师，细细地谈了我的想法。人家也实话实说，重新设计是可以的，但成本就高了。我当然知道“成本”这两个字的厉害。我告诉他们，先设计，然后再想办法降成本。

真正做起来才知道，这好难哦。还不仅仅是造价的问题，而是根本就没有哪一个工厂在考虑如何让课桌椅变得更漂亮，提供不了好看的产品让我们选。也就是说，这些工厂造不出好看的课桌椅。哦，不对！是设计不出来好看的课桌椅。开始时我百思不得其解，中国制造不是很厉害吗？课桌椅又不是原子弹，那么难设计、难制造吗？后来我明白了，不是工厂设计不出来、制造不出来，而是根本就没有客户提出过这样的要求，工厂自然也就没有设计过这样的模具，没有模具，当然也就造不出来。我从事教育工作这么多年，第一次搞清楚这一点：中国人不看重课桌椅的美观。

但课桌椅是孩子们每天都要接触的用品，被赫然摆放在教室里，天天看、天天用，决不能太丑，不能太丑！我觉得这一点我不能让步。

中国找不到，就到外国去找。过去十多年我走了好多个国家，看了好多所外国的学校，美国的、加拿大的、英国的、日本的、新西兰的、澳大利亚的，等等，也拍回了好多照片。我想从中找到不错的式样供工厂参考，看看能不能设计出来，制造出来。

还真找到一个比较满意的。拿给工厂的设计师看，说是肯定能做出来，但还是一个成本问题。人家说了，你这个课桌椅的腿是三角钢的，而且一头大一头小，是要专门做模后才能生产的，很贵。而且你这个桌面比一般桌面要大三分之一，木板厂没有生产过这种尺寸的桌面，只能重新做模，如果不做模直接用大板子裁，很费料。

听了这番话，我的心都凉了半截。就是说，整个行业都不支持我这个想法。整个行业就是按照通行的想法建立起来的，如果想要一个与众不同的产品，对不起，一切都得重新来。成本当然就上去了。

一个多月过去了，工厂终于算出成本来，比一般课桌椅的价格高出一倍以上。这就炸了锅了。

我反复向领导们陈述，要办一所有美感的学校，课桌椅是如何如何重要。那一段时间，整个人都在挣扎。人家说得也对呀，换一种课桌椅这所学校就不美了？退一万步说，就算是课桌椅不美，这所学校就办不好了？办学的关键在校长，在老师，不在课桌椅。但是，我说服不了自己。我承认办学的关键在校长，但如果连校长都认为自己的学校不好，这所学校又能好到哪里去？如果校长不能按自己的意愿办学，那“办学的关键在校长”不就成一句空话了吗？我这个人在这样的问题上很固执，因为逻辑上说不通啊。最后我也就不讲逻辑了，直接求各位领导：“就让我这个校长任性一回，美一回吧。我太看重这个课桌椅了，我一定会搞出上海独一无二的课桌椅，让学生因为爱上我们的课桌椅而爱上我们学校。”感谢各位领导，他们反复讨论后，最终同意了我的请求。

两个月后，当学生走进教室，高兴地寻找自己的课桌椅的时候，我才长长地吐了口气。我终于让我的学生用上了漂亮的课桌椅。那一天，我突然想起了鲁迅先生曾说过的一句话：“中国太难改变了，即使搬动一张桌子，改装一个火炉，几乎也要血；而且即使有了血，也未必一定能搬动，能改装。”我搬动一张桌子当然不难，但要改一张桌子的样子，的确甚难。

/ 肯德基的地板 /

看过很多学校的食堂，很不错 —— 灯光明亮，餐桌光鲜。但让我感到奇怪的是，窗帘和地板本该是食堂很重要的内容，却往往不受重视。窗帘黑乎乎的，地板油腻腻的，怎么看怎么难受。我一直认为，如果一家餐厅的窗帘不干净、透亮，那么这家餐厅就好不到哪里去；如果一家餐厅的地板有油污，那么这家餐厅就可以关门了。学生的行为习惯，在一定程度上是受环境影响的。在一个油腻腻的餐厅里，想培养学生好的就餐习惯，恐怕很难。

所以考虑餐厅的设计方案的时候，我有两个非常明确的想法：一要有丝质的白色窗帘，二要有干净光亮的地板。我心里想的，就是一定要把握好这两样东西，所以其他方面就没有多关注。

等到有一天，我终于抽出时间来看食堂装修得怎么样的时候，才大吃一惊：餐厅这层本来就不高，加上空调管道、消防管道、弱电管道，就更低了。在这些管道的下面，再吊一个大平顶，空间一下子显得非常压抑。都怪我，设计图纸我是审查过的，可我没有经验，不知道这个吊顶会带来这样的效果。另外，我这一阵子在忙其他的事，好多天没来食堂工地了，不知道是按照这个路子在装修。怀着这样愧疚的心情，小心地与施工方商量，看能不能暂时停工，待修改方案出来后再施工。换来的当然又是愤怒的不满。有错在先，也只能赔着小心跟人家谈我的想法：能不能干脆就不做吊顶了，直接把水泥顶刷刷即可，现在蛮流行的哩，还时尚。管道怎么办呢？能不能从墙边走？那灯怎么办？哦，这是个问题，总不能吊个大白炽灯了事。

晚上，找来设计师小伙子商量。这么难的事在设计师眼里都不是事，他想也不想，脱口就是一句："装灯带就是了。"专业！专业！马上同意。这个"带"的概念太有诱惑力了。他第二天就拿出了效果图，我一眼就看上了。他也笑了："早说嘛，这既简单，又省钱。"

终于到了最重要的选项了：地板。对食堂来说，重要的其实不是"上面"，而是"下面"。上面少有人关注，下面人人都感受得到。第一，材质。这可是学生食堂，都是学生在这里用餐，所以要防滑。第二，颜色。食堂地板的颜色，深了压抑，浅了显脏。第三，与墙壁、吊顶要呼应，不要冲撞。设计师先期设计了三四种方案，都因为不能完全符合这三条被否定了。因为有了前面吊顶的教训，我一时拿不定主意，就又停工了。

那几天，我和学校的老师跑了上海滩上几所有名的学校，好不容易获得批准进去看看，看完都不满意，觉得不过如此，还不如我们已经否定的方案。一天跑好几所学校，连饭都来不及吃，只能匆匆地在路边的肯德基解决。我下车定好餐，装好袋带回车上，准备边走边吃，赶下一所学校。就在迈进车门之际，我突然想到，每次来肯德基，总有一种温暖而活泼、随意而精致的感觉，这种感觉是从哪儿来的？于是我走回肯德基大厅，这才注意到是地板。它的地板一来防滑，不是光面的，而是磨砂的；二来颜色不错，既有深色块，又有浅色块来冲淡那种沉闷，于错落中营造出一种活泼的感觉；三来与我们食堂浅灰的墙壁、深灰的吊顶相呼应。

等我重新上车的时候，我对司机说，不看了，直接回学校。司机问怎么回事，我说踏破铁鞋无觅处，得来全不费功夫，就选肯德基的地板。——这就是学校食堂采用肯德基地板的来由。事实证明，当时的选择是对的。我们学校的食堂，给人以很温暖、很干净的感觉，而且很洋气，很大程度上要归功于肯德基地板。我在对家长介绍我们学校食堂的时候，开玩笑说，让孩子们在我们学校食堂吃出肯德基的感觉。当然，肯德基不是健康食品，我们食堂供应的都是崇明岛上的有机食材。

学校食堂装修好之后，我特意叮嘱要白色的、垂垂的丝质窗帘。窗帘装好以后，我们看着空空的墙壁，不约而同地想到装饰几幅壁画，要彩色的、有灯的那种。那天，我对家具厂的设计师说，餐桌要白色的，因为只有白色的餐桌才配得上这样的灯带、窗帘和地板。在场的所有人都同意我的这个想法，于是把餐桌也一并定好了。

也许万事都无法完美，总会留一点儿遗憾。我们学校食堂的地板，虽然确实是照着肯德基的地板来设计的，但效果上总感觉有点儿不足。有一次，我又吃了回肯德基，仔细研究后发现了问题所在：肯德基的地板，块与块之间的缝隙大约是三毫米，而我们学校的地板，块与块之间的缝隙大了至少两毫米。就是这微小的两毫米，造成了效果上的差距。

/ 金鲤鱼 /

在我的心中，学校一定要有水，最好有自然河流或池塘。如果没有，则要不惜代价，凿池蓄水。人遇水则灵，学校怎么能没有水呢？

“新纪元”校园里有一条小河，河上还有两座桥。据当地人讲，这条小河还有名字——“大通河”。河不宽，却深，且绕校园形成一个L形，穿墙而入，越墙而去，汇入崇明岛曲折而繁盛的水系，然后直奔东海。如果不充分利用，就是暴殄天物。

但怎么用呢？最初的想法是建成全开放式的亲水平台，几乎遭到一致的反对。理由呢？不安全哪。怎么不安全呢？水太深。确实，这条河的平均水深超过1.5米，肯定是不安全的，这个险不能冒。所以我的第一步，把小河填浅至60—80厘米。但是，即使浅至60—80厘米，也还是有风险的。征求权威的意见，得到的回答很客气：不建议做开放式的亲水平台，即使水浅至60厘米，学生也很容易滑入河中，学生既然会滑入河中，就难保不出现意外。说得很在理呀，这可不是开玩笑的事。所以我也曾想削平河岸，做成缓坡，学生就不容易滑下去了，然后铺以绿草坪，类似剑桥大学的康河那样，这会别有风味。但到现场一看，不可能，因为离河不到五米就是学生宿舍，只好恋恋不舍地放弃了这一浪漫的想法。可为了纪念这一浪漫想法，我还是在靠近学生餐厅的一段河道，空出了五六米的空间，保留了开放式设计，往河中延伸了一米多，建了一个小小的亲水平台。为了保证绝对安全，主事的同志还在这段河岸边，树了一个刻有数字的标杆，水深超过60厘米，则以临时围栏围上。

学生餐厅面向小河这一边是落地玻璃，学生们特别喜欢坐在这个地方吃饭。有一次，我也到这个地方吃饭，才发现从这个地方往外看，正好可以看见这一段亲水平台，真有点儿“秀色可餐”的意思。

水代表着灵动，怎么能表现出这个灵动呢？当然是鱼。我的想法很简单：崇明岛不缺鱼，什么鱼都有，买一些鱼来就成了。哪里知道，真要养鱼了，一系列问题都来了。鱼可不是那么好养的。

养鱼靠水，水质要好，要稳定，而且要富于营养。找专业人士咨询，得到的回答很霸气："你要在这条沟里养鱼，而且还是为了观赏，就要把这条沟搞成一个大鱼缸。"天，鱼缸我见过哇，那里面好像是有设备的，水质什么的都是由这套设备控制着的，所以才能养那么好看的鱼。但这么大的鱼缸我用什么设备控制啊？！我话还没有说完，人家专家就说了："你这种人只会教书！养鱼这件事你不懂。怎么没有这样的设备呀？我就是做这个设备的。"

接下去的过程很复杂，我现在也说不清楚，总之，水体的进口和出口都建起了过滤坝；整个沟底全部铺上管道；操场司令台下则装上净化设备，24 小时运作不停。半个月，水清了。买来金鲤鱼，校园里终于灵气活现了。

既然是养鱼，养一两条是养，养 1000 条也是养。养多少为好呢？养多少孩子们看了才有感觉？ 1000 条有点儿多，就养 500 条吧。天气好，鱼儿都浮起来的时候，水面上跃动着金鲤的金色身影。孩子们喜欢投食，鱼儿全都涌来，小河边常传来孩子们快乐的笑声。

去年暑假，校园里空无一人，但鱼儿仍游得欢快，河边花箱里的花仍开得好看。下午时分，我伫立在桥上，看鱼儿汇到水边的花草边。树影倒映在水面上，随着水波荡漾，鱼儿倒像在树丛中游玩。面对此情此景，心里真是喜欢得很。一所学校的校园环境，靠的是一点一滴的积累。在我们校园里，这一汪碧水、这游荡在水中的金鲤鱼，真的不可或缺。

2017 年 11 月

空间感是摆出来的

对于学校来说，摆设不可或缺，有时甚至比建筑本身更为重要。

学校建筑重在空间感，这种空间感主要来自建筑设计。但是，在建筑空间已然成型的时候，摆设就成为最重要的选择了。一个普通的校园，有了一些特殊的摆设，可能就可以营造出特有的空间感。

/ 学校墙上挂什么 /

在学校的建筑物上，把学校的办学理念、办学目标等，以文字或其他形式彰显出来，是比较流行的做法。在一些学校，好像墙壁上展现的内容越来越多，字体越来越大。我看到的最厉害的学校，所有建筑物的墙面上，基本被各种标语、口号覆盖了，道路上也挂满了横幅，路灯上还挂上了各种小标语。尤其是主体建筑上，一定张贴着一两句最醒目、最响亮的标语，宣示着学校文化中最核心的部分。我曾去过一所名校，走进大门后，路面上用大字铺成很响亮的口号，一路铺向学校的深处。来宾们从路上走过去的时候，很自觉地分列两边，不忍心从字上直接踏过去。倒是本校的学生和员工，很自然、很大方地走在上面。

我知道，这是学校在营造文化氛围。这种方式最直接、最有冲击力，应该是有效果的，但就我个人而言，我肯定不喜欢，我喜欢更为内敛一点儿的风格。就“新纪元”而言，如果在英伦风格的建筑物上，悬挂上这种凌厉的标语口号，我觉得两者会很难相融。从 2016

年9月学校落成开始，有许多领导、朋友、同行到学校看过以后，总觉得少了一点儿什么，最后都给我提了一个意见，说我校的“墙上文化”不怎么样，建议我把那些在口头上说了无数遍的办学理念之类，都“上墙”。

实际上，我已经无数次策划“理念上墙”这件事，但每次都下不了这个决心。我内心深处有一个声音一直在质问自己：学校办学理念非要“上墙”不可吗?

什么叫“上墙”？就是用文字的形式把办学理念直接宣示出来。它的好处是，让师生每天都能接触到这些理念。知晓学校理念是理解学校理念的第一步，这无疑是非常重要的，是不可或缺的。但知晓非要用“上墙”这种方式不可吗？有没有别的方式？而且，比知晓更重要的是理解。“上墙”固然可以帮助师生知晓，但对师生理解理念有没有帮助，我还真表示怀疑，因为理解是让理念深入师生的内心。这种宣示于墙上、以标语口号的形式威压于师生的学校理念，即使最后真的为师生所知晓，我觉得其价值也会大打折扣。以威势把理念强行植入师生内心，我不想这样干！别用这样强硬的态度，别给我这样的压迫感好吗？哪怕给我的是好东西也不行。请让我打开自己的心扉，让这些思想自然而然地进入我的内心好吗？也许我在理论上不好解释，但当我走进一所学校，感受着这种扑面而来的宣示感时，我的感觉并不好，有的时候甚至会产生反感。我觉得，学生一定也会有这种感觉。我不想让学生对我们学校心生畏惧，也不想让老师有一种“这里有权威，我们要服从”的感觉。

这种声音越来越强烈，所以我最终没有选择让理念“上墙”。现在大家来到我们的校园可以看到，学校建筑物的外墙上除了楼号门牌，别无他物。当然，在学校举办大型活动的时候，会有一些通知或注意事项要发布，可我都会用那种立式可移动的告示牌，反正不“上墙”。曾有同行来学校走了一圈，然后说，你这所学校给人好安静的感觉。我想，可能就是因为我没有把这些东西“上墙”。

我的总的想法是，学校建筑的外墙属于建筑的一部分。建筑是凝固的音乐，我们没有必要去破坏掉音乐本身的节奏，就让建筑自己诉说自己吧。

当然，学校建筑有外墙，也有内墙。学校外墙什么都不挂，那室内的墙壁呢？我曾考察过国外的许多学校，深深地被它们走廊上、教室里、会议室墙上丰富多彩的图片、文字、饰物所打动，我还写过一篇文章专门介绍。那我自己学校的内墙，可以挂什么呢？实话说，我犹豫了好久。最后的决定是：没必要统一规定，交给老师们、孩子们，他们愿意往上挂什么就挂什么，愿意怎么挂就怎么挂。我观察了一段时间，发现大部分墙壁都挂上了孩子们自己的作品。这就对了！孩子们不断创作出新作品，墙上的东西也就经常变。于是后勤部门在所有教室、实验室、宿舍的墙壁上都钉上了大块的软木板，孩子们张贴自己的作品就更方便了。

在走廊、过道这些区域，墙上一片空白肯定不好看，那挂什么呢？挂照片。我们告诉孩子们，可以把自己与爸爸妈妈的合照挂上去；我们鼓励老师们把自己的精美照片交上来，集中挂到孩子们会经过的地方。孩子们争着来欣赏老师们的美照，找给自己上课的老师。看到老师们的另一面，孩子们兴奋得很。学校每年都会举办一次“我最喜欢的一张学生照片”活动，都是老师在平时抢拍的。把照片简单地往墙上一贴，显得不郑重，于是我们给所有的照片配上木质相框，郑重其事地挂在学校会议室、接待室的墙上。我发现，来学校参观的领导、同行、家长，每次都很认真地看上半天，有的时候还要找我或其他老师询问照片背后的故事。这样的“墙上文化”真正起到了作用，传达了具体的信息。

最近，我看了李镇西老师的一篇文章，说他到成都武侯实验中学后，就想办一所没有特色的学校。我想说，我就想把“新纪元”办成一所安静的学校。中国的教育现在最需要的不是喧嚣，而是安静。让我的老师安安静静地教点儿书吧，让我的学生安安静静地读点儿书吧。我这个校长，也只想安安静静地读书、思考、实践和写作。

因此，我打算先从“墙上文化”做起。

/ 每当钟声响起，我心飞翔 /

我一直觉得，一所学校一定要有一口大钟，钟声响起，校园就安静了，孩子们的心也就安静了。所以，虽然学校已经装配了电子化的报时系统，又精准又不费人力，但我还是在操场的一角设计了一个钟楼。有一天，与一位学生家长长谈，他很赞成我的这个想法，当场表态，要捐赠一口大钟。2015 年 11 月的一个星期六，一口巨大的喇叭型大钟被运进了校园，几位工人师傅把钟抬上钟楼，高高地悬挂于钟楼上。学校有一位老师，兴冲冲地爬上钟楼，揽起长长的钟绳，用力地拉了起来。于是，悠远而响亮的钟声顿时回荡在校园里。

工人师傅们把钟装好后就走了。当钟声响起的时候，操场上空空荡荡的，除了我一个人都没有。钟声还有余响，我在大操场上走了好几圈。下午的风一直在吹着我的脸。我的心情一直平静不下来。我在心里祈祷，我们这么用心地为孩子们打造这个美丽的校园，明年秋天，请让这个校园里遍布孩子们活泼的身影吧。如果那样，我们这一番苦心、这一番努力，就都是值得的。

那一天，我克制不住地想象着操场上孩子们奔跑的身影，想象着孩子们在这里生活的场景，甚至想到他们如何从这里毕业、离开，如何回忆在这里的一切，又如何想念着母校，想念着老师，想念着校长。

经过艰辛的努力，2015 年秋季，学校只有 40 多个孩子，分在 4 个班里面，人数最少的班是一年级的班，只有 9 个孩子。2016 年秋季，我们能招到多少名学生呢？不知道。我作为校长，虽然一直在对老师们说，现在就是我们最困难的时候，只要挺过了现在，就会迎来美好的未来，但我的内心其实比谁都要迷茫。客观地说，这一年，是我 30 多年教育职业生涯中心境最低沉的一段时期。

没有人知道我在 2015 年秋天的那个下午内心的激荡，即便那天有人看到我，也只是看到我一个人在操场上走走停停，而不会看到我内心的波澜。本来跟摄影师约好，趁着天气好，请他来给我拍几张在学校的照片，好用在招生宣传广告上。那天下午，他从操场另一头大声地叫我的名字，才把我从那种心境中唤醒。事后我看那天的照片，感觉很不满意。不是别的，而是我的眼神。那种迷茫的神情从眼角和眉梢透露出来，真的想掩饰都掩饰不了。

晚上，我打开电脑，写下这段话：

钟声轻轻敲响，风吹过我的脸庞，安静的操场上，多少笑声在回荡。我站在学校中央，感受擦身的时光。长江在这里入海，我们在这里成长。I am growing stronger every day and night（我日日夜夜都在成长）。我是多么珍惜，每一天的风景。I am growing stronger every day and night。有信，有望，有爱，还有透明的翅膀。我心飞翔。

这是我替孩子们写的，替未来要到我们学校读书的孩子们写的，也是为孩子们在未来想念母校的时候写的。当我写下“我心飞翔”这四个字的时候，竟然十分激动。那一刻，我甚至分不清我是为自己而激动，还是为将来要到这所学校读书的孩子们而激动。

这是我为校歌写的歌词。当天晚上，我在学校微信群里把它发出来，想听听大家的反馈。平时我有什么新作出来，在学校微信群里一发，总是有人点赞。这一次却没有。有一天，我把歌词读给我孩子听，他念小学三年级了，经常自夸文字品位很高，我想听听他的意见。他的回答是："一般，太平常了。"

也许真的太平常了，但那天下午，那种心境留给我的感觉却怎么样也挥之不去。我知道，这是非常个人化的东西，也许是不适合做校歌歌词的，于是我把它封存在我的电脑里，在后来大半年的时间里，没有再打开看过。

2016 年 8 月，新一年的招生工作基本完成，报考我们学校的学生总数超过了 500 人。我们从报名者中，录取了 390 余人，完成了预定的招生任务。更为重要的是，我们有了一批坚定的"粉丝"—— 学生家长。这些可爱的爸爸妈妈们，理解了我们这一批人，理解了这所学校的理念和决心。虽然他们也知道，这是一所新学校，未来将会面对许多困难，但他们愿意陪伴我们这批人一起行走。他们相信我们的心是真诚的，相信我们会真诚地对待他们的宝贝，更相信我们有能力把最美好的一切赋予孩子们。

新的学期来临了。这是"新纪元"真正的起始年。我在想，新学期里，我为孩子们献上什么样的礼物，最能让他们终生不忘。

我想到了校歌。我应该让这批孩子从走进校园的第一天起，就能听到自己学校的校歌。

我再一次打开这个文档，在心里默默念起自己大半年前写下的文字，那种激动的感觉一下子就回来了，我一下子就沉浸在当初的那种心境之中。我几乎立刻做了决定：我也算这所学校的创始校长，就让这所学校的校歌带着校长个人的色彩吧！

我通过朋友，请来上海音乐学院作曲系的知名作曲家田汨先生为我的歌词谱曲。我知道田汨，听过他写的歌，我在我原来所在的学校——上海洋泾中学时也曾与他合作过。他为我们学校男声合唱团谱写的歌曲，曾陪伴那些孩子走出国门，连续几届获得了世界合唱大赛的金奖，争得了享誉世界的荣誉。但我与他从未有过直接的交往，这位青年作曲家能体味到我那天的心境，那种充满希望，又深深隐藏着某种担心，甚至孤单的内心吗？能通过音乐这种形式，把我的那种向往和憧憬传达给我的老师们、学生们，以及未来的人们吗？

几天后，我就收到了田汨发过来的乐曲小样。我戴上耳机，点开文件，前奏出来了，是琴键上发出来的声音，轻快的，同时流出一段弦乐，竟然有一点儿深沉的意味。片刻的停顿后，琴键在低音区清晰地敲出音粒，待旋律渐渐流畅起来后，深深地从背景音中再一次传出小提琴的弦丝上奏响的清亮和弦。一位男生的声音，即刻响起：钟声轻轻敲响……我一下子接受了。这就是那天下午不停地在内心响起的旋律！我想表达的都在这里了。

又过了几天，学校举行了开学典礼。我亲自登上钟楼，敲响钟声。在钟声的余响中，我和全体师生一起聆听了“新纪元”的校歌——《我心飞翔》。*I am here, witnessing the Yangtze River flowing into the vast East China sea where my heart is flying*（在这里，我看着扬子江汇入中国辽阔的东海，在这里，我心飞翔）。

我将我校校歌的诞生经过记在这里，供今后这所学校的师生来理解学校开拓者的盼望、祈求，以及曾经历过的内心激荡，来探究这所学校历史深处的一段心曲，来理解这所学校文化 DNA 的来源和内涵。每当钟声响起，我心飞翔。

/ 三角木地板 /

学校于 2016 年 7 月正式全面落成。一年来，慕名来参观的专家、同行、家长、领导超过1000人。有朋友跟我说，专家、家长、领导来参观，没有什么问题，但同行来参观，你要慎重接待，他们可都是你的竞争对手。我不以为然。一来好东西要与大家分享，连这点儿胸怀都没有，还办什么教育。二来这里也没有什么了不起的秘密，纯是用心而已。如果大家用心做教育，用心办学校，不参观这所学校也可以做得同样漂亮；如果没有用心，参观一万遍也学不去。大家在我们的校园中看到的这些东西，其实很多学校都有，不到这儿来，在其他地方也可以看到，所以没有什么值得捂着不让大家看的。

当然，最重要的是，我有我的底气。这个底气，是我对学生的观察和体贴，是我对人性的把握和理解。做教育，办学校，关键是要顺应人性。我做教育这么多年，总结了一条：凡是直接冲撞人的本性的，不管以什么名义，不管出于什么原因，都对孩子的成长有害无益。按照这样的思路办学校，总会在某时某地让人不舒服，让孩子无所适从，让学校异化。这样的学校，终究是办不好的。反过来，凡是顺应人的本性的，凡是理解了孩子作为一个人的整体的，凡是尊重孩子这一个体的不可分割性的教育、学校，总能走得长远。

这些话，听上去容易给人抽象的感觉，如果没有相应的经验，还真不知道我在说什么。下面我以我们校园里随处可见的三角木地板为例来说明。

在学校里，学生最喜欢的就是青青的草地。我们学校面积不大，但我尽可能地安排了大大小小好多块草地。这一块一块的草地，由校园内一条一条的道路分割而成。虽说这些道路与草地相接，但孩子们都不会在草皮上践踏，因为他们知道，有路不走、践踏草皮是不好的行为。但路总是要拐弯的，于是在草地和道路交界的地方，会形成一个一个拐角。孩子们在拐弯的时候，会不自觉地在这个拐角上踏过去，于是这一个拐角的草地就逐渐被踩成硬硬的土块。毫无疑问，这是校园里的一个疤，既不好看，又影响孩子们养成“不踏草皮”的行为习惯。

我相信，这样的问题在许多学校都有。怎么办？第一个也是最简单的办法是草皮一被踩坏，就让工人去补。这种“踩而补之”的办法也许是不得已而为之，但学校是教育人的，这种方式是对孩子践踏草皮行为的纵容，显然是不合适的。第二个办法就是对孩子加强教育，甚至处罚。我们这样做过，调整了学校的监控镜头，对若干个这样的草地连续不断地拍摄，然后放给孩子们看，组织孩子们就此种情形展开讨论。刚开始的几天是有效的，但是过了几天，效果又归于零。孩子们自然不会践踏大块草地，但经过这些拐弯的地方时，完全意识不到这一脚是踏在草地上的。有同事提出，干脆在所有拐弯的地方，也铺上和路面一样的大理石，这样不就既方便孩子经过又保护了草地吗？于是，我们在最主要的一个拐弯处铺上了三角形大理石，想实验一下是不是有效果。一个多月观察下来，我们发现，这个办法没有从根本上解决问题，仍然有孩子直接从草地上踏过去，只不过过去是拐一个小的弯，现在是拐一个更大的弯。我问过一个路过的孩子，他回答我：“我没有踩草皮呀。”当我指出他刚才确实是踩了草皮后，他回答：“好像是踩了一脚。”

我们研究下来，觉得应该在这个拐弯处设置一个提醒。提醒路过这里的孩子：“你在拐弯的时候，为了少走这几步路而践踏了草皮。”我们在一些拐弯处竖立了提示牌，效果非常好。但是，校园里如果到处都是这种警示牌，这里一块，那里一块，破坏了校园的整体感和美感，更重要的是，这也与我的理念相冲突。对孩子的教育，应尽可能少用语言，多利用环境本身的暗示和规范作用，这样效果才会更长远，才更能春风化雨，更能深入人心。

我们要寻找一种方式，既有提醒作用，又能保证“一切都在不言中”。我们想到了防腐木地板。我们在校园内所有道路的拐弯处，都铺上了这样的三角木地板，孩子们可以在这上面走过去。它不同于大理石铺就的道路，它是一个过渡，它的存在就是在告诉孩子，你不能再跨过去了。

我们先在一个路口铺上这种三角木地板，老师在楼上观察了一个多小时，然后吃惊地发现，虽说这块木地板是可以踩踏的，但是真正从上面踩踏过去的孩子，反而比原来铺草皮的时候少。

有一次，我逮住一个小孩子问：“你是可以从这块木地板上走过去的，为什么拐了一个弯，没有踩在它上面哪？”小孩子回答我：“我怕不小心踩到草地上。”

孩子的心真是纯真无瑕的宝玉。我们不能因为孩子纯真，就随便往上贴我们想贴的东西，我们必须用心地呵护。实际上，只有当我们把孩子的心当作宝玉来小心呵护的时候，孩子们才愿意接纳我们教给他们的东西。即使是对的东西、好的东西，若是我们粗暴地将其塞到孩子们的心灵里，孩子们也不会接受，反而会本能地反感，进而无视这些提醒和教育。我们用一块三角木地板呵护了孩子的心，也维护了孩子的纯真。我们没有大声地、严厉地喝止，只是默默地在提醒：“实际上，你真的在这块木地板上踩过去，也没有犯什么错，但是你要意识到，再往旁边一点点，就会踩到草皮了。”

在教育过程中，我们不能只考虑教育内容的正确性和必要性，更要考虑这种教育的可接受性。任何教育内容，都要先用心把它焐热后，再传递给孩子。我把这种考量，称为“教育的温度”。

2018 年 3 月

学校是一个每天都在发生故事的地方。这么多学生，这么多老师，这么多职工，每天都会发生这样或那样的矛盾、冲突。这些矛盾、冲突，绝大部分都会集中到我这里来处理。每当我处理完一件比较棘手的事情，心情都是非常沉重的。许多情况下，倒不是因为事情有多么大，而是因为发现学校的一些共同价值观尚未建立起来；倒不是因为老师们的工作有多么不负责任，或者能力多么差，而是因为学校所有工作缺乏一个基本准则。如果教职工们做事没有一个根本的出发点，不能在这个基本准则的基础上展开具体的工作，那么每一件工作就只能由我来拍板，由我来决断。这样一来，第一，我会累死；第二，效率也太低。这个问题长期不解决，就会后患无穷，学校的工作就会混乱不堪。一个新学校，最重要的恐怕就是这件事，最难的恐怕也是这件事。

大致上，我每个月都会在学校微信交流群里发一篇文章，就本月出现的矛盾、冲突发表我个人的一些看法和观点。每篇文章都是针对具体的一件事情，这样就避免了空发议论；但也不是就事论事，而是从办学方针、学校文化的角度来议论，这样就避免了老师们简单地对号入座，简单地把我的文章当作针对一人一事的批评。我的想法是，用这种方式，慢慢地但是深刻地渗透我的办学思想，渗透学校的基本价值观。我将这种交流称为“月度微论坛”。

第三辑

“月度微论坛”背后的故事

为什么不能说“偷”

有一天晚上，差不多10点多了，校长助理王老师突然在学校微信交流群里发了一段话：

刚才接了一位情绪很激动的家长的电话，说昨晚（也可能是前晚），孩子隔壁宿舍一个学生少了一包零食，宿管老师进了宿舍就问他孩子：“是不是你偷的？”家长很生气！觉得这是对孩子人格的侮辱！我把这件事情放在群里说，是想让所有老师注意：这样说话确实是对孩子人格的侮辱！家长生气有道理。“偷”这个字眼不可以用在学生身上，你完全可以换个字眼，如“拿”。以后在新纪元双语学校禁止用此类侮辱性言语形容学生。

我在第一时间看到这段话，立刻一股热血直往头顶冲。我努力克制着情绪，连续在群里发了下面三段话：

各位老师，“偷”字是可以随便说的吗？第一，没有证据之前绝对禁止下结论。第二，即使是事实，也不能用“偷”字。即使孩子确实因为贪吃拿了别人的一包零食，也不能用“偷”字呀！我们可以教育孩子拿人家的东西要征得他人的同意，但怎么能随便下结论是“偷”呢？怎么能如此随便地将这么重的词放到孩子的身上？老师们，怎么能这样子呀？如果哪一个人把这个词用在你自己的孩子身上你会怎么想？难道这不让人心痛吗？我听了这样的事心如刀割。我们怎么对孩子这样冷漠呢？

全体老师要以此为戒！不应该犯这样的错误哇！这要是在国外，是会被起诉的。我们是教育孩子的，不是公安局的。孩子犯了错误，要爱护性地教育，而不是直接打击。打击不是教育！我们学校的口号是“办一所有温度的学校”，教育的方法是“正面管教”，是和善而坚定的，可这位老师这种行为中哪里有和善哪！

家长的愤怒是有道理的。我们要全部接受。家长不是和我们过不去！

也许是感觉到我的话说得有点儿重了，校长助理换了一个角度，语气也稍缓和了一点儿，发了下面两条微信：

有时候，我们一些经验不足的班主任跟家长沟通不畅，也是由于不注意言语。比如，孩子说了与事实不符的话，老师就直接对家长下结论：“你的孩子喜欢撒谎！”老师们哪，你们这样说，会刺痛家长的心。为了保护自己的孩子，他们会立刻反驳你，与你对立，最后的结果对孩子的教育毫无帮助。

不要轻易下结论，正如李校说的，你不是公安局的，可以通过陈述事情经过来教育。结论大家都明白，不需要你得出。

整整 20 多分钟，一直是我和校长助理两个人在谈论这件事。平时说任何事情，总是有许多人跟帖，这一次一点儿声音都没有。我有点儿疑惑，便给学生发展中心主任发微信，让她注意交流群的讨论情况，这才知道，她已经在做调查，并且开始找相关老师谈话了。我焦虑的心情才舒缓了一点儿。

过了几天，我还是找涉事老师谈了一次。这是一位对工作非常负责的老师，对孩子非常有爱心，孩子也非常喜欢她。这个我都是知道的。在办公室里，这位老师非常诚恳地对我说："校长，你的批评我都接受，今后一定不会出现这种情况了。"一般情况下，到这一步我这个校长的任务就算完成了，思想工作就算是做成功了。但是，那天交流群里大家的沉默让我总觉得有点儿不安，所以我以一种探究性的口气对这位老师说："那你能不能说说，为什么不能用这个'偷'字？"

老师大概没有想到我会问这个问题，看了我半晌，想了一下，然后说："校长，你的指示我肯定无条件执行。你要我怎么做，我就怎么做。但是你要真问我为什么不能说这个'偷'字，我还真想不通。因为实际上，这个孩子就是在没有经过同学同意的情况下拿走了人家的东西。"

我一下子明白了那天交流群里的沉默，还真不是偶然的。我估计，大部分老师都回答不了"对这个孩子，为什么不能说'偷'字"这个问题。

我觉得，这可不是小问题，这涉及学校的基本理念，其核心是这所学校的学生观，即怎么理解学生、怎么看待学生的问题。

学校每周都会进行一次总结，主要是对一周的工作做讲评，好的表扬，不好的批评。为了弥补"每周总结"理论上的不足，我另设了一个"月度微论坛"，主要是围绕这个月学校发生的典型事例，从理论上阐释学校的办学理念和行事准则。那个月，我选择了这件事，并为这一期的"月度微论坛"拟了这样的题目——《为什么不能说"偷"》。

为什么不能说“偷”

本月，学校发生了一起不大不小的事。一个学生未经同学允许，拿走了同学的一包零食，老师走进该生宿舍，问这个学生“是不是你偷了谁谁的零食”。家长从孩子那里知道了这件事，给我们学校领导打电话表达了自己的不满。事情发生的当晚，我和王老师就这件事发了好几段微信。现在回过头来看，尤其是我，当时有些气愤，有些话是说过头了。我觉得先要向有关老师道歉。我已经跟有关老师交流过，咱们老师也不是有意要这样说学生，不是故意要伤害学生的自尊。不是这样的。

但是，这件事确实涉及一个理念性的东西，就是所谓的学生观。这涉及我们在具体的教育教学工作中，怎么认识学生，怎么对待学生的问题。我觉得这个问题还是蛮大的一个问题。在这个问题上，我觉得有必要提高认识，以便我们今后遇到同类的问题时，能用正确的认识指导我们的行动。所以我今天再一次认真梳理了一下我的想法，与大家交流。不对的地方，大家尽可以批评指正。

所谓学生观，就是回答一个问题——什么叫学生？首先，学生不是成年人，所以我们不能用成年人的标准来看待、评价和要求学生。如果一个成年人未经他人同意，拿走他人的东西，不论贵贱，在性质上都可曰“偷”。往小里说，是贪念；往大里说，是犯法，总之是道德品质问题。这毫无疑义。但如果是一个小孩子，这种行为肯定是犯了错，但是犯的是什么错？是行为习惯的错，是自我克制力弱的错，是贪吃的错，是不尊重他人的错，甚至可以说是道德认知不足的错。这些错也不小，我们当老师的，看到了，知道了，肯定要批评，要教育。如果老师不批评，不教育，就是失职，但不能将之上升为道德品质的问题。道德品质的问题是什么问题？是人格问题，通俗地讲，是自私自利，是唯利是图，是阴险狡诈。学生未经同学允许，拿走了别人的零食，是犯了错，但不是自私自利的错，不是唯利是图的错，不是阴险狡诈的错。一个是成长过程中的“不到位”，一个是人格的残缺，二者有本质的不同。混淆这两类性质的错，我们的教育就不会有效果。不仅不会有效果，在实践中，还会有相反的效果。我们有些时候教育学生越是严厉，效果越差。其实问题并不是出在我们太严厉上，而是我们混淆了两类不同性质的错误。我们可能用对待 A 犯错误的方法，来对待 B 犯的错误。这叫作方向性的问题。这是第一点。

第二，学生是正在成长的人。学生最大的特点是什么？就是可塑性，学生正在成长中。什么叫正在成长中？就是现在还不完美，但正在向相对完美走去。学生不可能没有错误，可正因如此，才需要我们来教育。我们教育学生的目的是，让他们从现在相对不那么完美，走向相对完美的境界。学生未经他人同意，拿走他人的东西，这是犯了错，是不完美的表现。现在我要教育他，让他完美一点儿：“未经别人同意拿走别人的东西，是非常严重的问题，是不礼貌，是不尊重别人。”如果觉得教育力度还太轻，可以告诉学生：“你今天拿的是一包零食，我们最多只是说你贪吃，但如果是一包贵重的东西呢？那性质就不是贪吃，而是非法侵占他人财物了。是违法的。”学生拿这包零食的时候也许知道这是不对的，但并没有清楚地意识到问题有这么严重、老师会这么看重。现在我们这样教育了学生，学生就会明白，这样做是犯了很严重的错误，今后不能这样做了。

现在我们再来设想一下，如果我们将这种行为直接定义为“偷”，那么从法理上来讲，这种行为就是犯法。既然是犯法，就应该送公安机关严惩，但实际上我们并没有这么做，只是批评教育一顿了事。这就会让学生认为，犯法也没有什么了不起，这是不是意味着，今后只要愿意承受一顿臭骂，偷一回也不会有什么事？另外，学生还会认为，既然都犯了法了，也就是说，已经被认定是贼了，已经是一个坏人了，那么再怎么想，怎么做，也都无法改变这一事实。这是不是说自己“就这样”了？如果不是“就这样”了，那你怎么说我是贼？如果是“就这样”了，那你还教育我干什么？再怎么教育也改变不了“偷”了东西这个事实啊。

各位老师，这就是一个孩子的心理过程。这就是我反复强调“不能给孩子贴标签”的原因。你都给他贴了标签了，还教育他什么呀？他就是这样一个人了，那就这样吧。

心理学上有一个术语，叫“罗森塔尔效应”。美国心理学家罗森塔尔等人于1968年做过一个著名的实验。他们到一所小学，从一至六年级中各选三个班的学生进行煞有介事的“预测未来发展的测验”，然后实验者将认为有“优异发展可能”的学生名单通知教师。其实，这个名单并不是根据测验结果确定的，而是随机抽取的。它是以“权威性的谎言”暗示教师，从而调动教师对名单上的学生的某种期待心理。八个月后，复试的结果发现，名单上的学生的成绩普遍提高，教师也给了他们良好的品行评语。这个实验取得了奇迹般的效果，人们把这种教师通过对学生心理的潜移默化的影响，从而使学生取得教师所期望的进步的现象，称为“罗森塔尔效应”。在教师的正向暗示下，一般的学生会变成好学生，同样，在教师的反向暗示下，一般的学生也会变成坏学生。正是因为教师可以通过这样一种特殊的效应来影响学生，所以人们常说，遇到一位好老师，学生就得福了；不幸遇到一位糊涂老师，学生就完蛋了。在学生心目中，老师可不是一般人哪，老师是他的“权威”呀。

这就是为什么不能对孩子说“偷”这个词的教育学原理：你说他“偷”，他可能真的就“偷”了。

在教育教学实践中，常常有这种情况，我们做错了一件事，要在理论上论证清楚它为什么不对，比从正面说一件事情应该怎么做，难多了。所以，一般情况下，我也不做这么烦琐的论证。其实，我们只要抱着一颗爱孩子的心、体贴孩子的心，这一切都是自然而然的，没这么复杂。孩子呀，你的行为，也许就是“偷”哇，但我就是不忍心说出这个字来。因为，我不愿意你成为这样的人，我相信你能改变这些不好的行为。老师们，如果你们有这样一颗心，孩子们是会感觉得到的。他们感受到我们的这颗善心，就会被触动，就会听我们的话。这就是所谓爱的力量！

这也就是我一直强调教育的力量在于爱的原因。我不敢说，有了爱就有了教育的一切，但我肯定敢说，如果没有了爱，教育就什么都不是。

最后我不得不再一次强调，孩子犯了错，不要上纲上线，不要给孩子贴标签，但我不是说不要教育孩子，不是说要纵容孩子。我的意思是，我们对孩子的教育，要“和善而坚定”。一定要教育，告诉他这是错误的，必要的情况下还要适当惩罚，这就是“坚定”。但不要用“偷”这个词来打击他，这就是“和善”。此谓“正面管教”。

有老师给我留言：“文章已经保存，之后还会反复阅读，谨记用爱教育孩子。”是的，教育孩子要“用爱”。

2017年3月

教师职业艰难在哪里

我校国际部的学生总是有些散漫，晨操迟到，跑步的时候提不起精神。体育组的S老师平时是很有耐心的，这天也没忍住，打开话筒就训开了。从父母送他们来读书不容易说起，说到今后出国留学要有强壮的身体，又说到网络上报道的中国孩子与日本孩子在毅力与体质方面的比较，前后说了半个小时。还说了“你们这些富二代今后肯定不是日本人的对手”之类的话。这些十五六岁的学生一大早就被集体罚站，在操场上被训了半个小时，吃早餐也有点儿迟了，肚子里全是怨气。其中一个学生在散场时走过S老师身边，嘴里骂了一句。

S老师是一位刚刚大学毕业的小伙子，正值血气方刚的年纪，听了这句脏话，直接就冲上去质问这位学生：“你骂谁？”这名学生也不认怂，直接回答：“就骂你。”事后我找S老师谈话的时候，他描述了当时的感受：一股血往头顶直冲上来，一时冲动，上前就当胸抓住了这名学生。好在他还没有彻底丧失理智，没动手，但嘴里蹦出一句：“要是在学校外面，我弄死你！”

接下来的几天里，学生纷纷写下现场证明书，要求严惩S老师。他们派出代表直接与我交涉，都把狠话撂在我桌子上了：“我们要看你校长怎么处理。”

怎么处理呢？其实是非常简单的。学校都有规章制度，打开学校的规章制度，按相应条款定性，下达处罚决定，没有什么太复杂的。

第一，面对学生的懒惰，老师教育学生，一万个正确。话说得不好听，但没有明确的侮辱。找S老师谈话，让他今后注意批评教育学生时的说话方式。

第二，学生当众辱骂他人，不管这个“他人”是同学还是老师，是严重的错误，根据《上海新纪元双语学校学生守则》上的具体规定，应严惩，留校察看。

第三，老师受学生辱骂之后，情绪上接受不了，是可以理解的。但与学生发生冲突性身体接触（虽然并没有殴打的动作），仍违反了学校的规章制度，应受相应的处罚。按照《上海新纪元双语学校员工守则》的有关规定，应记B类事故。B类事故应做何处罚，守则上写得清清楚楚。这个守则是员工合同的附件，老师们都签了字的。

第四，老师对学生竟然说出“要是在学校外面，我弄死你”这样的话，这既触及法律的红线，又触犯师德的底线。从法律上来说，用语言威胁他人生命安全，就是犯法。我们学校的校规是“不欺、不馁、不戾”，而这种杀气腾腾的话是典型的“戾言戾语”，为学校制度、学校文化所不容。按照《上海新纪元双语学校员工守则》的规定，属于D类事故，应直接解除合同。

当我了解清楚情况，知道按学校的有关规章制度已经留不住S老师后，内心非常沉重。为什么？因为人都是有感情的。

2015年7月，学校的基本建设没有到位，能不能按时开学尚不确定；学校招生情况非常不理想，9月份到底能来多少学生，完全没有把握；老师也没有到位，重要岗位还缺好几位。在这种前途渺茫的状况下，学校全体教职工一共十几个人开始了上岗培训。地点就在平凉路我们租用的办公场所，一共十天。

几乎所有人都互不认识，大部分教职工甚至还没有与学校正式签订合同，说是一所学校的老师，其实就是吆喝着凑到一块儿来的。我把培训课程设计得很正规，亲自上阵，认真上培训课，还特地从上海请了两位特级教师，给这些年轻人讲人生规划，讲职业生涯。中午就餐的时候，我还特意叮嘱工作人员准备好一点儿的盒饭。总之，尽可能正规一点儿、高档一点儿。

但情况还是很惨淡。来参加培训的人每一天都会少一两位，有的老师前一天下午还好好地来参加培训，第二天一大早就发来一条短信，说李校抱歉，因为什么事什么事，不能来培训了，祝“新纪元”如何如何。我这一辈子走过好多单位，只遇到过人越来越多的情况，从没遇到人越来越少的，况且这一次人本来就不多。虽然表面上我一副若无其事的样子，但内心的焦虑和凄凉无以言表。

就是在这样的情境中，我发现，每一天培训时，S 老师都是第一个来到现场的。他一到，就会摆好桌椅，打开投影仪，烧好开水，给老师们泡好茶。中午订餐的时候，还会为每个老师摆好餐盘，倒好水，忙前忙后。吃完饭，又拿起一个大塑料袋帮大家收拾，一会儿，桌子上就变得干干净净。一天的培训结束了，他又总是最后一个走，关灯，打扫会议室，帮我整理好电脑、投影仪等，他是不想让我一个人留在最后。

并没有任何人安排他做这些事。我觉得这个年轻人是一个朴实的人，是一个善良的人，对他印象很好。后来我才知道，他那时还没有与学校正式签订合同，只是以实习生的身份参加学校的培训。记得培训完，他要回老家，在网上买机票的时候，由于没有经验，还被别人骗了一千多元。实习生在学校是没有工资的，这样他回老家都很困难了。我资助了他一千元，算是帮助他渡过了这个难关。

但显然，年轻人血气方刚，没有什么职场历练，不知道如何处理复杂的职场关系，面对学生也由着自己的性子来。虽然凭我对 S 老师的了解，他根本不可能真的对学生怎么样，不管是在校内还是在校外。但即使是这样，他也无法再在学校待下去了，因为他已经触犯了学校的底线。

按照学校的议事规则，处理教师要召开校务会议，采取票决制。学校校务委员会是学校最高权力机构，由包括我在内的五名委员组成。我在校务会议上说明了事情的经过，找出学校的相关规章制度，最后提出了自己的想法：立即终止与S老师的合同，请大家讨论、表态。

校务委员逐一表达了自己的意见，结果是大家都不同意终止与S老师的合同。理由有两个：一是S老师整体上是一位好老师、负责任的老师，作为一名青年教师，他犯了错误可以处罚，可以教育；二是S老师在创校阶段为学校的发展做出过自己的贡献，没有他的努力，学校的体育工作就没有今天的局面。后勤主任还说："2015年，学校校车被人堵在校门口，双方僵持了四五个小时，是S老师陪着我跟对方讲道理，给了我巨大的支持。当时并没有任何人要求他这么做，而且这么做还是有一定风险的。这说明S老师是爱学校的，是一个有情有义的人。对这样的人，不能一棍子打死，开除了之。"

校务委员会上形成的这种四比一的局面，在过去从未有过。校长当然有最后的决断权，虽然一个学期只能使用一次。所以我再一次阐明，学校的文化不容挑战，"不欺、不馁、不戾"的校训不能置之不顾，严禁戾言戾语是我们的底线，请大家慎重表态。

事后，有同事跟我讲，我说这些话的时候，手都是抖的。其实，我不仅手是抖的，声音也变了，心情的沉重和心痛无以言表。我的眼前一直有他一个人埋头在会议室打扫卫生、帮老师们倒水的身影飘来飘去。我知道，对于这样一个年轻人来说，在参加工作的第二年就遭到这样的打击，会令他消沉很长一段时间，也许对他今后很长时间的成长都会有影响。

记得那天晚上，其他几位校务委员都不是在讨论问题了，几乎是在求我："李校，你再考虑一下，你再慎重一点儿。""我们大家都认同你的理念，但S老师毕竟没有动手。""他说那句话肯定不对，但学生说脏话也是导火索。”“请给 S 老师一个机会。”

会议开到深夜。最后我服从了其他四位校务委员的决议：给 S 老师记 C 类事故一次，年终考核不合格，免除学校体育教研组主管职务。也就是说，S 老师将退出校骨干队伍的行列，还要被罚款几万元。

即使到今天，我也认为这是一个带有浓厚感情色彩的决定。S 老师属于创校员工，开除创校员工会有伤筋动骨的隐痛。校务委员们，包括我自己，至少在潜意识层面会试图回避这种隐痛。我没有坚持自己的主张，没有断然动用校长的决断权，确有充分尊重校务委员的考虑，但我也承认，更多的，跟大家一样，是对那种隐痛的畏惧。

在星期五全体教职员工大会上，S 老师走上台，就发生在自己身上的事件做了深刻的检查，并保证今后不再发生类似的事情。学校宣布了对 S 老师的处罚决定。我作为校长，也坦诚地讲明我们校务委员会的讨论过程。一句话：此类事情决不容忍，只此一次，下不为例。

当天晚上，我在“月度微论坛”上发表了以下短论，算是对这件事的理性思考和总结。

教师职业艰难在哪里

记得好多年前，曾读过一本论述教师职业内涵的书，书里有一句话，大意是：“教师是出气筒。”作者的意思是，学生是不成熟的，不成熟的标志就是情绪不稳定，教师要接纳学生这种不稳定的情绪，并加以安抚，在安抚中帮助学生安全地度过漫长的危险期，所以说教师这个职业要求我们做学生的“出气筒”。

当时觉得这句话很刺目：老师怎么是学生的“出气

筒”？暂且不说师道尊严这一类的话，老师难道没有人格吗？老师就得当学生的“出气筒”吗？老师都当了学生的“出气筒”还怎么教学生？记得当时，我把书掼在桌子上，好几天都没有再翻开它。

这么多年过去了，我不敢说现在就接受了这句话，就认可了这位作者对教师的这个角色定位。我觉得问题可能比这句话表达的意思要复杂。但我由这句话，延伸到另一个命题：教师职业艰难在哪里？

不当教师的人，是无法知道我们教师的难处的。难在哪儿呢？难在我们的工作对象。不以教师为职业的人，他们的工作对象大都是成年人，成年人之间的交往是对等的，任何一方都可以凭着自我的体验和思考来理解对方、对待对方，对方也是如此这般地来理解我们、对待我们。所以我们与他人相处，通常可以预知对方的反应，是可控的。但中小学教师的工作对象往往不是成年人，而是未成年人。教师与学生没有对等性，有的时候甚至有点儿不可控性。

一方面，我们无法根据自己的自我体验和反思来理解他们，必须启动另一套程序才能理解他们。照我看来，这是所谓教师素养中最大的一块，我们必须具备两套以上的程序来理解别人，一套跟自我体验一样，另一套跟自我体验不一样。比方说，孩子做某件事、说某句话的含义是不能等同于成年人做这件事、说这句话的含义的。我们要先把它翻译成未成年人的意思来理解后，再采取相应的教育教学措施。这说起来容易，但做起来非常不容易，最难的还不是掌握非常强大的“转译”能力，而是要有非常强大的力量克制住成年人的反应模式。好多教师过不了这一关。教师与学生的冲突，大部分就是这样产生的。

另一方面，我们要启动未成年人的理解模式来采取教育教学措施，这也许更难了。其具体过程是：先克制住成年人的理解模式、按下我们本能的反应，同时启动未成年人的理解模式来理解学生；然后，根据未成年人的理解模式，来决定采取什么样的教育教学措施。这里的关键，是搞清楚未成年人将会如何理解这些教育教学措施。这一过程处处是陷阱，处处是岔路口，处处有地雷，处处有犯错误的可能性。

我想对老师们说，这就是我们这个职业的艰难所在！

我想对家长们说，这就是我们要求你们跟我们站在一起，共同面对孩子的挑战的原因！

我想对学生们说，你们现在不能理解我们，但总有一天你们会理解我们的！

学生骂人，我们当然要教育，要告诉他们骂人是非常不好的行为，学校将会严肃地处理。这是毫无疑问的。但是，不能用“被别人骂了就要坚决反击”的思维模式来理解和处理这个问题。我对 S 老师说，如果对方不是一个学生，而是社会上的任何一个人，我坚决支持你反击，因为我们要捍卫个人的尊严。但面对学生，我们要进入“职业状态”。这个所谓的“职业状态”不是忍受委屈、放弃原则，而是进入“理解学生”的状态，进入“教育学生”的状态，然后根据理解的原则、教育的原则，来选择我们的教育方式。

我知道，这是非常高的要求。但是，做老师的，必须让自己有这样的境界。我们别无选择。

2017 年 6 月

孩子们为什么跟我们对着干

学校成立了国学教学部，我专门引进了一位台湾来的博士 L 老师，来给孩子们开设国学课。L 老师是研究古典文献的，对传统国学经典很熟，尤其是带来了一种生动活泼的教学方法，深受孩子们喜爱。L 老师性格不错，蛮好相处，平时跟学校其他老师关系也挺好，这令我觉得引进 L 老师是对的，有点儿小得意。

开学差不多两个月，初中部主管向我反映，L 老师与个别学生发生了一点儿冲突，L 老师很生气，觉得学生不听老师的话，上课也不遵守纪律。我嘱咐主管老师先跟 L 老师谈一次，了解一下情况，并要求 L 老师耐心教育学生，不要跟学生发生冲突。

但是过了一个多月，主管再一次向我反映，L 老师与个别学生的关系似乎没有改善，反而有愈演愈烈的趋势，甚至与学生发生了肢体冲突，在上课期间把学生推出了教室。哦，这就严重了。看来，我需要亲自出面处理这件事了。在我们学校，一般情况下，校长不会出面处理这类事情，一方面是避免给老师增加压力，另一方面是给老师自己处理好这类事情的机会。但短短两个月，就连续发生了两次冲突，而且第二次的情况更为严重，这就需要校长出面，及时制止，避免情况恶化，并起到及时警示老师的作用。

我一方面找部门主管了解情况，另一方面向学生做了一些调查。事实很清楚，这个孩子确实非常出格，专门跟 L 老师对着干。L 老师说上课不要大声说话，她就在下课时故意大声喊叫；L 老师说不要在教室里大吵大闹，她就跑到走廊里高声嚷嚷；L 老师晚自习值班，她就在教室里冲进来冲出去，还故意把门关得砰砰响；L 老师告诫她不要这样，她反问 L 老师“我到数学老师办公室问问题难道不可以吗”；尤其是对 L 老师布置的作业，她统统不做，说自己做不出来，L 老师问她为什么做不出来，她反过来说“你没有教会”。

这个样子，闹得 L 老师都无法上课了。所以有一天上课的时候，又出现类似的情况，L 老师没有再跟她啰唆，直接把她推出教室，还在教室外发生了争执。

我找这个孩子谈，对她说：“我看你平时挺阳光的，对校长伯伯也挺客气、挺有礼貌的，你上 L 老师的课的时候，这样做明显是故意的。我想，你一定是对 L 老师不满。你能告诉我有什么不满吗？”

孩子一脸无辜，委屈地说：“她太偏心了。”

我说：“怎么会偏心呢？你们都是 L 老师的学生，她没有理由偏向哪一位同学、歧视哪一位同学呀！”

孩子不出声。

我说：“你说 L 老师偏心，具体是指什么？”

一提到这一点，孩子就有点儿愤怒了：“每次上课的时候搞活动，她都不安排我。”

哦，原来是这么回事！这个孩子我是认识的，非常活泼，非常好表现，在课堂里肯定是积极分子。估计是太积极了，L 老师恐怕是想多给班上其他孩子一些机会，所以叫到她的时候少了一些。仅此而已。

我心里有底了。找 L 老师谈话的时候，我没有具体纠结事情的过程，只是问 L 老师：“这个孩子是不是有点儿故意为难你的意思？”

不提这个还好，一提到这一点，L 老师就格外愤怒：“是的，就是故意的。”然后吐槽了好久。

我说：“L 老师，我问你一个问题，这个孩子故意为难你，故意给你捣乱，一定是有原因的。你想没想过这个原因是什么？”

L 老师说："我也不知道，没有什么原因哪，我从来都没有得罪过她呀。"

听到这里，我忍不住笑出声来，说："L 老师，我给你看一本书，这本书上专门讲了这种情况，你看看。"说完，我拿起桌子上的《正面管教》，翻到第四章"重新看待不良行为"，找到相关内容读给 L 老师听："'一个行为不当的孩子，是一个丧失信心的孩子……当孩子们丧失信心时，他们会为自己选择四个不恰当或者错误的目的。之所以称为错误目的，是因为这些目的建立在该怎样获得归属感和价值感的错误观念之上。'《正面管教》详细地列出了这四种错误的目的 —— 寻求过度关注、寻求权力、报复、自暴自弃。"

我跟 L 老师聊了我学习这一段话的体会："孩子莫名其妙地和你对着干，一定是有目的的。我了解下来，觉得这个孩子是想用这种激怒你的方式，引起你的注意，寻求你的关注。也就是说，她这样做，不是不喜欢你，而是太喜欢你，希望能引起你对她的关注。"

L 老师瞪大眼睛，说："真的还是假的？不可能吧。她这是喜欢我？"

我说："这就是当老师的辩证法，这就是学生心理的辩证法。你好好看看这本书吧，这本书里面把这个道理说得非常清楚了。"

过了几天，L 老师在路上遇到我，非常高兴地对我说："校长你真的厉害，你猜得很准。我现在又让她做我的'小老师'了。"

我愣了一下，问："什么'小老师'？"

L 老师说："我会轮流安排同学当我的助手，就是帮我收收作业，管管纪律。我原来是请她帮我做的，后来我想让别的同学也锻炼一下，就不让她做了。没想到她跟我对着干就是因为这件事。我现在又让她做回'小老师'，她就什么事都没有了，对我好得不得了。"

我对 L 老师说："不是我厉害，是《正面管教》这本书厉害。"

回到办公室，我通知学生发展中心主任，把《正面管教》这本书里关于学生的“四种错误目的”的那张表格印刷出来并且全部过塑，每个老师发一份，贴在办公桌上，遇到问题就看这张表，来理解学生到底是因为什么跟自己对着干。那个月，我的“月度微论坛”的题目就是——《孩子们为什么跟我们对着干》。

孩子们为什么跟我们对着干

最近，有老师向我反映，班上有学生确实难管教，上课故意捣乱，上自习课也故意冲进来冲出去的。批评她，她比老师还凶，感觉是故意和自己对着干。

老师们，有孩子故意和我们对着干，那一定说明我们有什么地方没有理解到孩子的心思，孩子不爽，不满意，但又说不出来。你越批评他，他越觉得被误解，被忽视，就越恼火，越有情绪。孩子又没有什么情绪控制力，于是只能捣乱，故意和你对着干，故意气你。如果你果然生气了，他会获得短暂的快感。但这种短暂的快感是以再一次被你批评、被你斥责为代价的，也就可能再一次被你误解，甚至被你伤害。那种负面情绪进一步积累，于是只能再一次爆发。如此恶性循环，以至反复无穷。

我们做老师的，最困难的事情不是教那几堂课，而是理解学生的心思。不理解学生的心思，我们做事常常就会做不到点子上，做不到学生的心里头，最后只能事倍功半，有的时候甚至起反作用。我们做老师的最容易犯的错误，就是以我们自己的想法来推测学生的想法。我个人的教训是，我们基于自己的想法对学生意图的推测，大部分是南辕北辙的。学生看事情的视角，真的跟我们不一样，有的时候甚至让我们感到稀奇古怪、大吃一惊。学生怎么会这样想？我们真的搞不明白。但这就是学生，他们就是这么想的。如果我们不能理解他们的想法，我们的工作就会无的放矢，有的时候甚至会寸步难行，徒增我们工作的压力，白白浪费我们的时间和精力，让我们的工作无效，让我们的心情坏掉，甚至让我们对教师这个职业丧失了兴趣。

怎么办呢？我个人的经验是，第一步，要学会隔离、控制个人的情绪。孩子故意跟你捣蛋，你的第一反应肯定是愤怒。我在这里提醒各位亲们，你一愤怒，就落入了孩子的套路。他正等着你生气呢。他的目的就是要让你生气呀！你果然被气到了，他心里在偷着乐呢。你有两个办法，一是装作没看见，二是有意不理睬。这叫冷处理。《左传》上提到“一鼓作气，再而衰，三而竭”的方法，我们也要学会避开孩子的“一鼓作气”，这才是聪明的做法。

当然，装作没看见是解决不了问题的，只是为解决问题准备条件。这就要有第二步。第二步是关键，这里要细说了。我下面要说的是《正面管教》里很成熟的部分：让学生获得归属感。《正面管教》认为，学生故意捣蛋，一定是因为他没有获得归属感。捣蛋的目的，就是要重新获得这种归属感。这里又要细分为四种情况：寻求过度关注、寻求权力、报复、自暴自弃。这四种情况是什么意思，每一种情况应该怎么做，请大家细看《正面管教》第四章的有关内容，里面有具体的描述与分析。

我要特别强调的是，老师们要先判断孩子跟我们对着干是出于哪一种动机、目的。不同的动机和目的，孩子的具体心理状态是不一样的，老师的应对策略也是不一样的。

老师在与学生发生冲突时要牢记这两步，其中最重要的是第二步，但最难做到的是第一步。所以人们常说，教育孩子，技巧本身不是最难的，而是管理好自己，管理好自己的情绪。如果连自己都管理不好，又怎么能管理好学生呢？老师们，是不是这么回事哟？

2017 年 5 月

关键要有一颗金子般的心

7月的一天，忽然有几位学生找我，要约我谈谈。我当然很高兴跟学生谈话。而且我知道，他这么隆重地约我谈话，一定是有很重要的事。当天下午，他们如约来到我的办公室，从三点一直谈到五点，如果不是要吃晚饭了，可能还要继续谈下去。

谈了什么呢？其实，也没什么具体的事，但我却接收到学生的一种切身感受、一种无处不在的情绪 —— 他们不喜欢某位老师。

我一再追问："具体是一件什么样的事、一句什么样的话，让你们这么反感某位老师？""课上得不好？哪里不好？你们怎么不喜欢？""老师对你们的态度不好？说话伤害了同学的自尊？""作业布置得多了？批改不认真，还是……"整整两个多小时，学生们一直七嘴八舌地在说，但我确实没有得到我想要得到的任何答案。

直到最后我才明白，其实，他们也说不出这位老师不好在哪，就是觉得听他说话、看他做事、接受他传达的信息，好难受。

这位老师我是了解的。客观地说，他是一个很成熟的老师，按照评价老师的一般标准，甚至是一位不错的老师。在日常交往中，我没有觉得他特别不好打交道。但是学生既然有这么强烈的感受，我也不能置之不理，于是决定亲自观察观察，亲自感受感受。

我专门去听了这位老师的课。他是班主任，学校每周一堂的班会课，我也去他班听过两次，还抽时间到他的办公室坐了坐，看他是如何找学生谈话的。观察一段时间下来，我的感受是：按照一般老师的职业操守来衡量，这位老师没有什么地方做得不对；按照一般老师的专业标准来衡量，他甚至可以说做得还不错。但是，我也跟学生一样，确实产生了一种说不清道不明的感觉：虽说这个老师按程序做了这一切，但有一个潜台词无处不在 —— 我在做学校安排我做的所有事，我在做老师这个职业要求我必须做的所有事。我已经做了，也做完了，你们就没有什么话可说了吧。

在办公室，学生找他说事，他确实在听，听完了也跟学生说了很长一段话，但从头到尾他都没有看学生一眼，脸上也始终没有什么表情。我的感觉是，他好似一个空空的人，面对着空空的空气，做着教师手册上规定他做的事、说的话。滴水不漏，波澜不惊，四平八稳，无懈可击。在课堂上，他似乎是一个搬运工，把知识搬到学生的面前，交给他们，如此而已。他很少讲自己的事，讲自己的经历，也很少讲自己学习这个知识的过程、对知识的感受和体会。客观地说，他讲的东西还是有内容的，重点也突出，但他不关注学生们的反应，他似乎存在于与学生不相关的另一个世界里，这个世界跟学生没有什么交集，隔着。我感觉到，他的心门对学生们是关着的。他似乎没有觉察到自己的这种状态，只是凭惯性在往前走，专注而又随意。这真是一种很怪的感觉。

很长时间以来，我都不知道怎么跟这位老师谈。谈学校的制度？他没有违反哪一条哪一款哪！谈教师的职业道德？他哪里没做好？似乎也说不上来。谈教师专业的东西，真说起来他还做得不错。但这种拒人千里之外的淡漠，真的让人远远地都能感觉到。这种与人相“隔”的感觉，真是无处不在。

我只能说，这是一种性格，拥有这种性格的人不适合当老师，至少不适合在我们这样的学校当老师。

这种感受郁结于心，不吐不快，于是便有了当月“月度微论坛”的内容。

关键要有一颗金子般的心

学生喜欢什么样的老师呢？最风趣的老师？最有学问的老师？最负责任的老师？最有爱心的老师？最好看的老师？好像都是，又好像不完全是。最近跟几个不同年级、不同类型的学生深入交流了几次，颇有感触。这些感触，一时半会儿还真说不清楚。如果要我用一句话来概括的话，就是："当老师的，要有一颗金子般的心。"你在学生面前，真的啥也装不了，啥也瞒不了。如果你真的不够真诚、正直，如果你真的不够光明磊落，如果你真的不够大气、智慧，如果你真的不够真情投入，让学生看穿了你，你在学生面前没有了形象，没有了亲切感，没有了信誉，没有了爱戴，你就真的很难"混"下去了。

老师们，到底如何与学生相处？理论一套一套的，说起来足够复杂，技巧也被人们总结了无数。但我个人的体会就一句话："怀着对学生的爱，真诚地对待他们。"我们要与学生有心与心的交流，要把学生当作一个活生生的人。老师们，学生不只是你们的工作对象，还是你们的思想、情感的交流对象。你们要有一颗童心，才能经得起他们那清澈的心灵的映照。如果你们有很多杂念，用学生的话来说，就是"太讲面子""虚假""太冷""应付"，那学生们用他们的心一照，就照出来了。老师们，跟学生打交道，不比跟成年人打交道更容易，而是更难。成年人的心往往因遭到人生的灰尘的遮蔽，变得不那么敏感，难以分辨真假，但学生的心可不是这样，他们更能敏感地觉察到你是如何对待他们、看待他们的。他们天天听着你的话，看着你的行动，你的一言一行都在他们纯净的眼睛中被观照、审视，有的时候，甚至被放大。

教师这个职业与其他职业都不一样。有的职业，它的工作对象是物，你冷一点儿，“隔”一点儿，可能也没有什么不妥，例如流水线上的操作工之于机械零件。有的职业，它的工作对象虽然是人，但不是一个个具体的人，而是泛化的人，你冷一点儿，“隔”一点儿，也可能没有大问题，例如演员之于观众。正如王菲，有人说她从不跟观众套近乎，总是站在舞台中央，沉浸在自己的世界里，唱着自己的歌，唱完走人。有人不甚喜欢这种风格，但也有不少人就喜欢这种风格。有的职业，它的工作对象虽是一个个具体的人，但往往其从业人员与工作对象之间的交往是一次性的，是短暂的，例如大巴司机之于乘客。热情一点儿当然好，但也不用一个一个套近乎。大巴司机在开车的时候，与乘客“隔”一点儿更有利于驾驶安全。但是，教师不是这样，其工作对象是一个个具体的、活生生的人，是与之朝夕相处，一处就是一年、三年、五年，甚至更长时间的学生，他们是一个个完整的生命体，他们有思想，有冲动，有克制，有愤怒，也有渴望。教师这个职业，需要倾情投入哇！太冷的人，与外界太“隔”的人，当不了好老师啊！

老师们，我们既然选择了教师这个职业，走进了教室，就要向孩子们敞开自己的心扉。至少在那一刻，我们要和孩子们一样，有一颗金子般的心。

不知是不是从我的文章里琢磨出了什么，或者只是他的生活本身发生了什么变化，这位老师不久就递交了辞职申请。我觉得，如果是工作态度问题，我可以跟这位老师谈心，可以用学校的规章制度来要求他。如果是专业发展问题，我可以介绍我的经验，帮助他掌握更多更高阶的知识和技术，让他持续地成长。如果是认识问题，我可以给他提供一些理论、一些经验教训，或者一些案例，帮助他增长见识。但像他这种情况，我却无能为力。我觉得这似乎是一个性格问题。恐怕有人天生就不适合当老师。如果换一个工作，他可能会做得不错，所以我直接就同意了。我不知道现在这位老师在做什么工作，是不是还在做老师，但是，我想真诚地对他说："不管做什么事，都需要心与心的沟通。只有你敞开心扉，用金子般的心待人，别人才会以同样的态度来待你。"

2016 年 11 月

谁是我们的核心利益相关人

学校管理要靠制度，但是制度管理是一个复杂的事情，远不是写出制度条款来，然后宣布执行这么简单。以我个人的经验来看，学校的大多数制度都是本着解决问题而制定出来的。学校工作中的某些方面，有大家共同认可、长期坚持的一些做法，那么定不定制度我认为不重要。倒是那些容易出现问题的地方，尤其是一而再，再而三出现问题的地方，才是最需要制定制度的地方。一般情况下，是先出现了问题，再来处理这个问题。在处理的过程中，要调研，要了解情况，要找各方面的人谈话，该批评的批评，该处罚的处罚。为了避免再次发生这些问题，就需要做出几项最基本的规定，于是制度就产生了。总之，是先出现问题，再处理问题，最后制定制度。有的时候，我也知道某个制度很重要，但问题还没有到一定程度，我暂时不急着制定制度。因为即便制定了其实也很少有人重视，无法深入大家的思想意识里去。下面我以我校食堂管理的案例来说明。

我校食堂的一个总的原则是：不营利，但也不允许亏损。如果考虑营利，难免会损害学生的利益；但如果允许亏损，则可能会带来严重的浪费，那对学校来说也是严重的问题。2017 年上半年，食堂连续几个月亏损，相对就餐人数来说，这个亏损额还是比较大的。我和后勤主任连续几天到食堂了解情况，现场观察，发现问题还是出在食堂管理人员比较粗糙的管理方式上。食堂管理不到位，浪费严重。工作人员常常将一些只用了一半的食材搁在地上，任由其坏掉；每天进多少食材，总是就多不就少，不愿意精确计算，多了就搁在冰箱里，第二天有新的食材进来，就把前天剩的扔掉。这怎么会不亏损？

问题既然已经出现了，就集中力量，大家一起开会想办法解决。食堂的管理人员也认识到这个问题的严重性，出了主意，那就是奖盈罚亏，奖是奖全体，罚也是罚全体，这样，大家有了共同的利益，就会一起想办法，在具体的细节上杜绝各种浪费行为。最后我们把大家的意见集中到一起，制定了食堂成本与质量管理的20条规定。最主要的内容是两个方面，一是亏损处罚，二是盈余奖励。为了避免追求盈余而导致质量降低，我们也规定并不是盈余越多越好，超过一定额度则不再提升奖励级别。另外，我们还重点考察了全校师生的食堂满意度，并据此设置了奖罚条款。满意度低于一定额度则罚，满意度处罚的额度比亏损处罚的额度大；满意度高到一定程度则奖，满意度奖励的额度也比盈余奖励的额度大。我们当时认为这是一个比较妥当的处理，力争做到在不亏损的前提下，把质量做到最好。

但是，在接下来的这一个月里，食堂菜品和服务质量都明显低了一个档次。水果原来是任由孩子们取用的，现在变成由食堂员工发放，除了在数量上严格控制之外，过去孩子们比较喜欢吃的一些价格较高的水果基本不见了，都是价格相对较低的水果。食材档次也明显下降，尤其是量比过去少了很多。过去我们规定，两荤两素、一汤一饭，如果学生觉得没有吃饱，还可以免费再取两个菜，荤素任取，盛米饭的饭桶则直接置于学生就餐区，由学生自由盛饭。现在如果学生还想加菜，需再刷卡三到五元。一时间，学生、家长、老师意见不断。我几次提醒食堂管理人员，还召开了一次食堂全体工作人员的大会，但这辆“行进的车”一时还刹不住。

从制度文本来看，其结构和逻辑是平衡的。满意度奖励的力度远大于盈余奖励的力度，满意度处罚的力度也远大于亏损处罚的力度，食堂管理人员和工作人员对盈余的追求应该小于对满意度的追求，他们的工作重点应该更趋向于追求质量的提升和服务的优化上。但事实恰好相反。我们重新召开会议，大家一起来分析。看来我们只考虑了制度的文本结构，没有考虑人们的心理结构。我们的制度规定了两个方面的内容，一是满意度，一是成本控制。但是满意度这个维度是食堂工作人员无法把控的，而成本控制则是可以自己说了算的。人们在日常行为中，往往都是优先从自己可以完全把控的地方着手。

我估计每个月都会演绎这个循环：上半个月主要想控制成本，等到投诉大增，才被迫考虑餐饮质量和服务质量，于是下半个月急匆匆来抓师生的满意度，来抓服务质量。看来是我们的制度有问题，核心是没有把学生的利益放在压倒一切的地位上。不管出于什么考虑，都必须以学生的利益为最高利益。这句话说起来容易，做起来真的很难。

我们在第三个月的时候正式推出了修订版的食堂管理制度。简单地说，就是亏损处罚，盈余不奖，重点放在师生满意度调查上，每月一次。满意度高，奖励；满意度低，处罚。新制度推下去后，餐饮质量和服务质量立刻就有了改观。我自己也惊叹，真的印证了那句话，一个坏的制度可以把好人变坏，一个好的制度则可以把坏人变好。当然，我们学校的管理人员都是好人，没有坏人，但是思想意识中的一些因素则很容易受制度的影响。这提醒我，在制定制度的时候，要有一个基本立场，这个基本立场没有偏差，就不会犯错误，或少犯错误；这个基本立场出现偏差，可能一个地方不小心，就会出大问题。

正好在那几天，我到市里参加了一个管理培训。培训专家讲到一个专题，即“利益相关人”。我利用这个主题，专门写了一篇文章发在“月度微论坛”上，向我们全体管理人员和老师讲了食堂管理制度调整的这个过程以及我从中吸取的教训。

谁是我们的核心利益相关人

最近参加了政府部门组织的一个培训，专家讲到了一个话题：利益相关人。什么叫利益相关人呢？专家解释，是能够影响一个组织目标的实现，或者受到一个组织实现其目标过程影响的所有个体和群体。我在心里罗列了一下，在我们学校，这样的利益相关人有很多。

董事长。他是学校的投资人。他的所作所为直接影响到学校的发展。他是我们的重要利益相关人。我们要考虑他的诉求，考虑他的利益，否则对学校的发展不利。当然，我们的所作所为也会直接影响到投资人的诉求是否能实现，以及在何种程度上实现。

教职员工。学校就是由他们在支撑着的，他们的品格、素养、能力、视野，甚至性格、身体状况，决定着学校的每一天、每一个角度和每一件事。他们也是重要的利益相关人。他们的言行决定着学校的细节，决定着学校的愿景、价值追求和工作目标的落地。同时，学校的发展也为所有教职员工搭建事业的平台。

学生。学校之所以成为学校，就是因为有学生在。如果一所学校没有了学生，老师也没必要存在了，学校就可以关门了，所以学生应该是学校的重要利益相关人。当然，学校办得好不好，将对学生产生深刻的影响，甚至影响学生一生的发展。

家长。家长也是学校的利益相关人。如果说董事长是学校的投资人，那么家长就是维持学校运转的出资人。家长为什么要出资？因为他们想让自己的孩子在这里获得成长。家长的身份不仅仅是“孩子的父母”，对学校来说，还是学校的出资人，其重要性不言而喻。家长对孩子的愿望，需要学校来实现，学校的一举一动都会牵动家长的心。“利益相关”这四个字，把家校的关系说得很清楚了。

政府。政府也是我们学校的利益相关人。我们是政府的管理对象，政府的决策当然深刻地影响着我们。比较特殊的一点是，政府对我们的利益诉求，与其他利益相关人有很大的不同，主要是一种政治性的、社会性的利益诉求。

学校周边的居民和村社。他们也是我们的利益相关人，他们直接影响到我们，我们也直接影响到他们。这一点，在过去两年的办学过程中，我们已经深刻地感受到了。

乙方。学校在建设与运营过程中，会与许多公司建立商务关系，我们作为甲方，他们作为乙方，必然相互影响。这也是显而易见的。

我研究下来，觉得“利益相关人”的概念对我们最大的意义是，我们可以借这个概念理清学校复杂的利益体系。学校面对不同的利益相关人，面对不同的利益诉求，要分辨出不同利益诉求的来源，从而在复杂的环境中，找到明确的工作重点、工作目标和工作方向。

想到这里，我突然觉得下一个问题变得很重要很重要了：对于我们学校来说，这么多利益相关人之中，谁是核心利益相关人呢？即那个既最大限度地影响到我们，又最大限度地受我们影响的人是谁呢？

所谓最大限度地影响到我们，我想应该是，我们所做的一切，都是奔他而去，为他而去的；所谓最大限度地受我们影响，我想应该是，因为我们的存在，他才会来到我们身边，重要的是，他会因我们的所作所为而改变。他是谁呢？

答案当然是学生。学生才是我们的核心利益相关人。

为什么一定要明确核心利益相关人？我想，那是因为学校作为一个实体，确实与各方存在利益冲突。我们不讳言学校与各方的利益冲突问题。以上所举各利益相关人，都代表着不同的利益，他们既有共同的利益诉求，又有不同的利益选择。任何一所学校，都会面对利益冲突问题，不管是民办学校，还是公办学校。那么，当一所学校面对利益冲突的时候，该选择哪一方的利益作为我们的核心利益呢？

核心利益就是当各方利益发生冲突的时候，我们宁可损失其他利益都必须保护的这一利益。因为这一核心利益如果得不到保证，其他利益总有一天会成为无本之木。核心利益这个概念，指导我们在什么时候该放弃什么，或是坚守什么。我记得我们曾反复强调过，在“新纪元”，维护学生利益是最高原则。我们的这一原则，得到了来自现代管理学“利益相关人”理论的论证。

在我校，不管是校长还是老师，每一天都会面临利益抉择。第一种情况是，我们做出的选择满足了某一利益主体的利益诉求，却可能潜在地损害了学生的利益。对此我们的原则是：毫不犹豫地避免做出这种选择。第二种情况是，我们做出的选择对学生的利益没有任何损害，也可以满足其他利益主体的需求，那么我们可以去做。第三种情况是，我们做出的选择虽然对实现学生利益有利，但可能以损害其他利益相关人的一些利益为条件，这是一种很艰难的选择，需要寻找到一个平衡点。但不管怎么做，都不得损害学生的核心利益。这就是所谓的最高原则。

我举一个例子来说明。暑假期间，我们带学生外出活动。学校租用的车辆将学生送到离活动地点还要走10多分钟路的地方就停了车，租车公司的人要求老师带领学生下车，理由是那个地方不能停车，否则会被罚款。这就是一个选择：在这个地方停车，可以保护租车公司的利益，也可以间接地保护学校的利益（因为如果罚款，则肯定由学校负责），但会危及学生的安全；将学生送到活动地点再停车，虽然保护了学生的利益，但确实会损害租车公司和学校的利益。请老师们记住我这句话，在“新纪元”，学生利益永远是最高利益。你们应该大声地说：“宁可罚款也要把我的学生送到安全的地方！这是我们校长说的！”

再举一个例子，学校食堂一直在控制成本和提升质量之间寻找一个经营的平衡点，一来不能亏损，二来要让老师和学生吃得满意。二者都要考虑。不计成本地大吃大喝肯定是不行的，但在任何情况下，都要让学生吃饱、吃好，以不损害学生的利益为前提，这是肯定的。前一段时间，我们在制定食堂管理制度时，对这个核心利益强调得不够，是教训。从这一个月开始，我们要把这个核心利益摆在最重要的地位。理由只有一个：学生是我们的核心利益相关人。

再进一步分析，学生的利益又是可以分类的。比方说，学生的长远发展利益与眼前的生活舒适利益；学生集体的利益与学生个人的利益；这一部分学生的利益与另一部分学生的利益；等等。再进一步分析，我们发现，学生的利益与家长的利益也不完全一致。这种不一致，源于学生和家长的代沟，更源于家长对学生长远利益与当下利益的冲突的不理解。这些利益冲突，最后都需要我们去抉择、去协调。

也许，我们校长和老师的真正责任，就是在纷繁复杂的利益冲突中，始终维护我们的核心利益相关人——学生的利益，并以此为准则协调不同利益相关人的利益诉求。这极大地考验着我们的信念、勇气、担当和智慧。

2017 年 9 月

谁是我们一切工作的最高准则

暑假，老师们都离岛休假了，但学校有夏令营，所以安排了少部分老师值班。我有些不放心，也没有去休假，就住在学校里。一天晚上，已经过 12 点了，床头的电话突然响了起来。这是学校内线电话，我知道肯定有重要的事情发生了。是值班老师打来的。原来，今天，一对父母在跟孩子视频通话的时候，发现孩子身上有瘀青，于是连夜驱车赶到学校，情绪很激动。

我连忙赶到会议室。只见来了四位家长，除了孩子的父母之外，还有奶奶和阿姨。家长们还算克制，在我与他们一一握手时，虽然怒气冲冲，但还是勉强跟我握了手。

落座之后，家长们开始说明情况。我打断了他们的话，问他们去看过孩子没有。他们说还没有。我说，先不说情况了，先看孩子吧。值班老师说，孩子们都已经睡了，现在去寝室怕惊扰了他们。我说那请一位家长去拍张照片，我要看。

值班老师带一位家长过去看孩子，我则请孩子父亲继续讲情况。我感觉，他的情绪明显缓和了许多，语气也没有那么激烈了。

孩子父亲还是比较通情达理的。他说："孩子身上的瘀青，可能是自己跑跳时不小心摔的，也可能是在跟同学推搡、打闹时伤到的，这个我们都能够理解，但我们无法接受的是你们老师处理这件事的态度。我们跟老师沟通，也许确实不那么理智，也可能有些话说得不那么好，但我们做父母的，看到孩子身上有伤，心里肯定很难受。老师不从自己身上找原因，首先想到的不是孩子，反而是给我孩子拍视频，让我孩子说这些伤是自己在家里不小心摔的。怎么能这样？这哪里还是什么‘有温度的学校’？我觉得这是‘没有温度的学校’！”孩子父亲越说越激动。

“办一所有温度的学校”的口号，是我提出来的，是我们学校的办学愿景。我们曾对家长承诺，不仅要关心孩子的考试成绩，更要关心孩子的心灵健康。总之就是一句话，要爱孩子。所以孩子父亲这句话，其实也是冲着我来的。

实际上，当我听到孩子父亲说到班主任老师竟然给孩子拍视频，让孩子说是自己摔的以推卸责任的时候，就已经火冒三丈了。一事当前，首先想到的不是孩子伤得怎么样，是不是受同学欺负了，是不是什么地方我们没有注意，而是如何保护自己，如何推卸责任，甚至竟然用拍视频来证明！这老师的脑子是怎么想的？当时我的心情坏到了极点，也真的是惭愧到了极点。

就在这个时候，值班老师和家长看过孩子回来了。我拿过值班老师的手机，看了孩子手臂上、腿上的伤。客观地说，都还在正常范围内。孩子碰到桌子、床之类的地方，就可能有这种瘀青，跟同学在推推搡搡中不小心磕了碰了，也会有这种瘀青。但父母看到孩子身上的瘀青，感受跟我肯定是不一样的。我很仔细地看了，并且数了数，一共有六处。我又问是不是全身都检查了一遍，家长说都检查过了。我说明天学校派车送孩子去医院，还是再检查一下，也好让我们大家放心。家长说那倒不必。

我感觉，家长的情绪慢慢平和下来了。孩子父亲说：“校长你这个态度，我们还是可以接受的。你首先想到的是孩子，一来就安排我们看孩子。这就是重视孩子。其实，我们也不是要怎么样，就是觉得出事了，要重视孩子。”

我跟家长说，不管是什么情况，我们老师都有管理之责。这是第一。第二，也是更重要的，孩子身上有伤痕，老师应该先考虑孩子的伤势怎么样，需不需检查，这些伤痕是怎么造成的，后面要采取什么措施防止这种情况再次发生，而不应该先考虑如何推卸责任。这是师德问题。对于这样的老师，我要考虑她是否适合在我们学校工作。

因为过去我们也辞退过几位不符合学校要求的老师，家长们自然知道我这句话的意思。我们交流了差不多两个小时，家长们的情绪虽然好多了，但对班主任的气还没有完全消。当听我说出“对于这样的老师，我要考虑她是否适合在我们学校工作”时，他们没说什么。过了一会儿，孩子父亲说：“那倒不必。把老师的工作搞没了，也没必要，就是今后真的不能是这个态度。”

送走家长以后，我找来班主任老师。这是一位年轻的老师，今年刚刚毕业，自己也还是个孩子。当时已经是凌晨了，她一直没有睡，在办公室等着事情的处理结果。她的头发乱乱的，因为非常疲惫，看上去脸色也是黑黑的。本来我想认真批评她，但终于没有，只对她说：“先回去休息吧，明天还要上班。”

但我一点儿睡意都没有。我刚才跟家长沟通的时候把这件事上升为师德问题，一般来说是恰当的，但对这位老师来说，则可能是言重了。这位老师太年轻了，从学校毕业才几天就遇到这样的事，肯定会不知所措。一方面觉得自己该做的事都做了，该值的班也都值了，很难说要负什么具体的责任；另一方面也觉得事情重大，不知道后面事态会如何发展，心里一急，就想证明自己没有责任，一时又想不出其他办法，就用了这种等而下之的办法。说实话，如要我批评这位老师，我还真不知道从哪里说起。但是，这又是一个非常重要的问题——一事当前，我们应该以谁的利益为最高原则来考虑问题，来做出反应？这个问题，是决定学校今后做事情的方向和准则的问题。我自己必须想清楚，更要跟我的团队、老师们说清楚。

我坐在电脑前，在第一缕晨光透过纱窗照进办公室之前，写好了这个月“月度微论坛”的文章。

谁是我们一切工作的最高准则

老师们，学校每天都会发生这样或那样的事，我这个校长、其他管理人员、每一位老师、每一位职工，每时每刻都在做决定，做选择。是做这个事，还是做那个事？是这样做，还是那样做？老师们，你们想过没有，我们在选择做什么样的事，以及怎样做的时候，最重要的标准是什么？最高准则又是什么？

这个问题，其实是非常重要的问题，是体现一个老师的师德的问题，是体现一所学校的品格的问题。

一般来说，一事当前，人们首先想到的是保护自己；有点儿境界的，会想到保护单位的声誉和权益。这是人之常情，无可厚非。可能，我们过去也都是这么做的。

但是，今天我要说，在学校，我们做老师的，不能这么想，不能这么做。我们做老师，首先想到的，应是如何保护学生。我再说一遍，一事当前，我们做老师的，首先想到的，应是如何保护学生，保护学生的身体安全，保护学生的心理安全。学生永远是第一位的。

为什么要定这样的规矩？因为学生的利益永远是学校的最高利益。

学校有没有利益？我们校长个人、老师个人有没有自己的利益？有的，这是毋庸讳言的。但是，学校利益、校长利益、老师利益的实现都有一个前提，那就是学生利益的实现。如果学生的利益没有得到有效的实现，没有得到有效的保护，学校的利益、校长的利益、老师的利益就都是空的。这就是学校的特殊性，这就是教育的特殊性。

为什么这样？因为学生是我们做所有事情的出发点。学生是我们学校、我们校长、我们老师所有工作的成就之所在。学生的利益受到损害，学校的其他利益就没有了载体，就没有了依托，就都是空的了。

老师们，在任何情况下，只要保护了学生的利益，就保护了学校的利益；如果没有保护好学生的利益，学校的利益就会受到最大的损害。

老师们，在任何情况下，只要保护了学生的利益，就保护了老师本人的利益；如果没有保护好学生的利益，老师本人的利益就会受到最大的损害。

我郑重承诺，在任何情况下，只要保护好了学生的利益，其他责任都由我这个校长来承担；在任何情况下，但凡有谁损害了学生的利益，我这个校长就无法保护。

老师们，我已经把话都说绝了。一个头脑清醒的校长、一个头脑清醒的老师，始终要明白，只要把学生教好了，只要保护好了学生，出现任何问题我们总会有办法解决，在任何情况下我们都可以立于不败之地。

在把文章发到“月度微论坛”之前，我先将它发给这位年轻老师看，但是一直没有收到她的回复。我想，这么个大道理，可能真的需要时间来领悟。我不能急。到了晚上，这位老师终于回复我了。她告诉我，其实上午她收到我的文章后，曾写了一段长长的回复，但最后又一键删除了。她感谢我对她的宽容，又说了一些抱歉的话，我也给了她一些鼓励和告诫。但就在我们的谈话要结束的时候，她还是说："我最不能接受的是家长说我引导孩子说谎，因为我作为一个老师，真的不至于为了推卸责任而如此不堪。录视频的初衷是想让不在现场的家长听到孩子跟我反映情况，可就是这个不到位的举动引来了家长如此激烈的回应，我是真的没想到。做事的方式、方法太不走脑了，原本挺简单的事被我弄得太复杂。"我是相信她的，我从一开始就相信她不会处心积虑地引导孩子说谎。但一方面，这种举动的确给了家长这样的感觉，另一方面，也很难说她在潜意识里没有保护自己的意图，只是她自己没有感觉到而已。

对此，我独自一个人沉思了很久。教师这一职业，要求我们改变自己固有的一些习惯，在潜意识层面上让自己变得跟普通人不一样，或者说，要建立新的潜意识。即一事当前，第一个反应应该是保护学生。这也许就是教师这个职业真正有难度的地方。

2018 年 3 月

学校是有伤痕的。

一所学校，总会有这样那样不顺利、不成功的事。随着时间的流逝，这些事当时处理过了，就过去了，人们会一点点淡忘。许多情况下，甚至连当事人自己也会迅速忘记。但有些人、有些事，我忘不了。我把这些人、这些事，称为“学校的伤痕”。这些人和事曾给学校的肌体带来过伤害，也给我本人带来过困惑甚至痛苦。当然，最终它们都会成为过去，伤口（如果有的话）也会慢慢愈合，只留下淡淡的伤痕。

我愿意做一个亲手记录自己学校伤痕的人。因为，学校的伤痕，也是我这个校长心里的伤痕。

第四辑

学校的伤痕

从瑞安来的孩子

我一直想为瑞安的这一批孩子写一段文字，但真的不敢随便动笔。半年前他们离开学校的那一幕，还时时浮现在我的脑海中。每次想起，都会触发我难以抑制的激动心绪。

我曾在《一所学校的DNA》里写过这批孩子是怎样来到“新纪元”的。我们学校在创办之初，生源严重不足，于是我向集团建议，从集团下属的各所学校抽调一批学生作为集团内部交流生，来上海游学一年。一方面是帮助我校渡过生源荒，另一方面也可以借助我校的外教师资，强化这一批孩子的外语学科，让他们开阔眼界，长长见识。这无疑是一种非常特殊的安排，所以并没有得到多大的响应。最后，只有浙江省瑞安市新纪元实验学校来了30多位六年级学生。

孩子们是2015年9月5日来校报到的。随同孩子们一起来到学校的，还有他们的家长，以及他们原来学校的老师。家长们来学校，是送孩子上学，更是实地考察办学环境的。也就是说，如果学校的环境不能让人放心，他们还是会把孩子带回去的。当时学校还在基建状态中，许多设施、设备尚未到位。家长们来了以后，也的确看到许多不满意的地方，尤其是学生人数太少，没有办学的气氛。再加上上海离瑞安这么远，这令家长们非常不放心。当天晚上，家长们在学生宿舍里久久不肯离去，经过学校反复做工作，才陆续同意前往学校安排的宾馆就寝。但是第二天一早，就有许多家长重新回到学校，在校园里徘徊，想说服自己的孩子跟爸爸妈妈回瑞安去。第一节课的铃声都响了，孩子们还在教室外，被爸爸妈妈缠着脱不了身。有的孩子从未离开过家，看着爸爸妈妈要走了，也恋恋不舍，甚至哭了起来。老师们没有办法叫孩子进教室，只能无助地看着我。整所学校竟然没有办法进入上课状态。现在回想起来，这真是 2015 年办学最令人心焦的一刻。

最后家长们坐上大巴，启程回瑞安了。老师把孩子们拉回教室，安抚他们的情绪："老师们会很爱你们的，我们就是你们在这里的爸爸妈妈，你们将在这里度过一段快乐的时光。"我也走进教室，对孩子们说："你们不要叫我校长，叫校长不亲切，就叫我校长伯伯吧。"从此，在校园里面，所有的孩子都叫我校长伯伯。

慢慢地，我跟孩子们建立起了非常亲密的感情。因为孩子不多，我自己也住在学校里面，天天跟他们在一起，每个孩子我都认识。这些孩子因为离家太远，坐火车、汽车要四五个小时，坐飞机也要两个小时，所以双休日是不回家的，都留在学校。老师们也就不离校，留在学校陪孩子们。一年的时间里，这些孩子由老师带着，参观了上海的博物馆、科技馆、美术馆、动物园等，领略到了大上海的广博和繁华。在双休日，我往往不会像平日上班时那样刮胡子，有一次在校园里遇到几个孩子，他们叫住我说，校长伯伯，你今天不帅，你没有刮胡子。我连忙说好的好的，就去刮就去刮。从此以后，这几个孩子只要在校园里看到我，就会远远地跑过来，凑到我的跟前看我刮了胡子没有，看到刮得很干净就笑嘻嘻地满意地跑开。

一晃，一年就过去了。2016 年 5 月底，孩子们要结束他们在上海的游学生活，回到瑞安的学校参加期末考试去了。学校为他们筹备了结业式，为每个孩子准备了结业证书。孩子们准备了集体诗朗诵，老师们也为孩子们准备了视频节目。视频中，每个孩子都讲了自己这一年的收获，表达了对老师的感谢、对学校的依恋。

我不敢去现场。这一年，不知为什么，我似乎变得脆弱了，很容易动情，这在过去是从未有过的现象。所以我想，我还是不去给孩子们讲话吧。我交代了学校其他领导，要他们好好送送孩子们，安排好中餐，安排好车辆，嘱咐孩子们今后有时间多来学校看看。结业式就要开始了，老师们都到阶梯教室去了，我一个人坐在办公室里，感到心里在发颤，抬起手看看时间，还有三分钟就开始了，便克制不住地站起来，匆匆赶到会场。会场里孩子们、家长们、老师们都到齐了，主持的孩子已经准备上场了。我悄悄地坐在最后面，听孩子们诉说这一年的每一天、每一点、每一滴。

轮到学校领导讲话的时候，我走到前台对之前准备代替我发言的校领导说，还是我来说吧。我拿着话筒，走到孩子们面前。孩子们那熟悉的面庞，一下子映入我的眼帘。我瞬间泪崩，完全说不出话来。

孩子们，你们陪着我校度过了最艰难的一段日子。你们用明朗的笑声和活泼的身影，映照了这美丽的校园。没有你们，这里的一草一木，这些明亮的灯光，都不会有生气，都毫无意义。

虽然在一所学校的历史上，这 30 多个孩子只是匆匆过客，但他们却肩负了这么重的意义，支撑起这所学校。如果没有他们，这所学校就要关门，也就不会有后面的承续和发展。我这个校长，怎么看重他们都不为过。这种所谓的交流生、游学团的设计，也许的确是太特殊了，也许很快就会被人忘记，但我这个校长不会，我会永远记得，记得这些天天叫我校长伯伯的孩子们、这些常常远远地跑过来凑到我跟前检查我是不是刮好了胡子的孩子们。他们的灿烂笑容，我真的记得；他们清澈的眼睛，我真的记得。我把他们的照片放大成七寸，镶上相框，挂在我办公室的墙上，这样我每天都能看到他们了。在学校第一会议室，在学校的贵宾接待室，也都有他们的照片。每当有参观者来的时候，我就指着这些照片告诉他们，这是我们学校的第一批学生，是从瑞安来的孩子，是我们学校的交流生，来上海游学一年。

如今孩子们回瑞安已大半年了，我仍要对他们说，现在的学校跟你们刚来的时候完全不一样了。孩子们，你们盼望着、盼望着的学校游泳馆，在你们走后不到三个月就正式建成开放了。当初校长伯伯向你们描述的“游泳池里映着白云的倒影”也实现了，只是更多的孩子称之为“海豚”。学校的图书馆也建成了，非常舒适，你们可以在这里安静地、甜美地阅读中外名著。学校的体育馆也很高大上哦，你们可以在实木地板上奔跑跳跃。哦，还有，你们最盼望的餐厅也启用了。你们还记得吗？去年的圣诞节，我们在初中部大厅里吃了圣诞大餐，虽然我们很快乐，但毕竟地方太小，好多同学只能端着盘子到教室里狼吞虎咽。今年的圣诞节，全校近 500 名师生全部到学校餐厅里欢聚一堂，度过了一个美好的夜晚。好希望你们在学校的时候这一切就变成现实，也许那样老师们和校长伯伯会稍稍弥补一下对你们的愧疚。实在是一些我们无法控制的原因，使这些建筑晚了半年才建成，让你们没能在这么现代化的体育馆里运动，在这么宽敞的餐厅里就餐，在这么舒适的图书馆里读书，在这么漂亮的游泳池里畅游。

不过，学校的老师早就商议好了，在阳春三月，要策划一个“接孩子回家”的活动。我们会亲自来瑞安，接你们回学校看看，你们可以像过去一样，在学校里上课、下课、就餐、出操、就寝。我们还会像过去那样，要管你们认真听讲，要管你们完成作业，要管你们行为规范……总之，会更严格，更严格。

2017 年 1 月

倪文利同学

2015 年 7 月的一天，我在招生办接待家长。大概是中午时分，进来一家三口，孩子是个女生，十二三岁的样子。听口音，是从山东来的一家人。孩子父亲跟我说，孩子叫倪文利（为了保护孩子的隐私，我用的当然是化名），他们是从山东济南来的，是在网上看到我们学校的有关信息，尤其是看了我的讲座视频后，深深为我们的办学理念吸引，所以才决定带孩子来看看的。我当然很感动，但直觉告诉我，事情不会这么简单，所以我们按例给孩子做了一个测试。测试结果显示，孩子除了数学不太好，英语和语文都还可以，属中等偏下的水平。她是那种自来熟的类型，只在学校里转了一圈，就与带她出去参观校园的老师勾肩搭背，亲热得不得了。招生办的老师对我说，这孩子性格很开朗，很可爱，一切都很正常。我们第一年招生，家长就带着孩子从遥远的北方赶过来，这是对我们的极大信任，我们当然没有理由不录取。于是她很顺利地成为我们第一届预初年级的学生。

开学不到一个月，班主任老师就来投诉，说倪文利完全不能正常上课，尤其是数学课。只要是上数学课，她就一分钟都不能安静下来听课，有时候还离开座位，在教室里走来走去。如果老师制止她，她就直接躺在地上。其他课程她勉强还能听，但基本不做作业。为了弄清情况，我专门去他们班听了一堂数学课。上课铃声响了，老师喊上课，所有同学都起立问老师好，唯有她一个人趴在桌子上，斜着脑袋一动不动，用奇怪的眼神看着我。我假装没有看见，专心听课。

我感觉到倪文利同学不遵守纪律的背后肯定有其他原因，所以我没有直接找她的同学谈话，而是先找班主任进一步了解情况。班主任对我说，倪文利同学下了课就活跃起来了，跟所有同学都很亲密，但问题是太亲密了，动不动就“求抱抱”，跟老师也是这样，弄得班上的同学都怕了她。我嘱咐班主任，与她父母沟通一次，反映一下孩子的情况。

又过了一两个月，突然有一天，我收到了一个自称是倪文利母亲的人发给我的短信。说是他们接到倪文利班主任的短信，班主任在短信中说了孩子的一些情况，并且建议家长把孩子接回，意思就是不想让孩子在学校读书了。然后说：“你们不是说要办一所有温度的学校吗？孩子出了一点儿问题，就要把孩子赶出去，这哪里是有温度？”

我看完长长的短信，意识到事情不会这么简单。倪文利的班主任郝老师是一位非常负责任的老师，她虽刚参加工作不久，但为人非常稳重，工作也非常细致。于是我找到郝老师，询问倪文利的具体情况。郝老师打开手机，调出一个微信群。我一看，里面有她、初中部负责人、心理老师和生活老师。微信群里有心理老师发的这样一条信息。

保密原则例外说明

心理咨询的工作在原则上是保密的，但遇到以下情况，则应最小限度地打破保密原则，以便老师、学生监护人予以妥善处理。

1. 有伤害他人的倾向。
2. 有伤害自己的倾向。
3. 对公共财产安全有破坏可能。
4. 涉及公安和司法部门的情况等。

Ta 符合第二条。以下是具体阐述。

一、症状：

1. Ta 具有中度的自杀倾向和风险。Ta 曾问施老师：“这个楼有多高？”“跳下去会怎么样？”学生吴某曾看到 Ta 将纸巾搓成条，挂在床上模拟上吊。有一次 Ta 在遇到不遂心的事的时候，直接说：“我死了算了，活着有什么意思呀！”接着就冲到窗边的桌子上，好像试图跃出窗户。在场三位老师（郝、魏、施）将 Ta 劝下。

2. 有自我伤害倾向。郝老师曾见过 Ta 以头撞墙。

3. 有怪异行为。喜欢扮狐狸，戴狐狸耳朵和尾巴的玩具；学狐狸叫；用四肢在地上爬。

4. 控制型索取，示弱依赖。

二、评估：

有中度自杀风险和倾向，须进行危机干预，建议送入专业机构做心理治疗。

学校从创建的第一天起，就成立了心理健康中心。我提议，如果老师感觉到有学生出现了不属于一般行为习惯和思想品德的问题，都交由心理健康中心做专业评估，然后再根据评估内容选择教育方法。郝老师向我具体介绍了倪文利的情况，并拿出自己的工作日记给我看。我一看，记得还很详细。晚上，我认真地阅读了郝老师的工作日记，并摘录如下。一方面欣慰于郝老师认真负责的工作态度，另一方面也感觉到倪文利的情况确实比较严重。

9 月 14 日：某某（所有涉及其他同学的地方，我在摘引时都以“某某”代替，涉及老师的地方，只写姓）病愈返校，倪仍有扑抱倾向，经王老师和我讲解劝导，倪亲口承诺不再扑抱他，并与他保持较远的距离。同时，我调整了座位，使他们俩分开坐，以减少接触的机会。生活老师反映，倪曾在谈话中询问楼层多高，还表现出不愿洗澡的倾向。

9 月 18 日：在图书馆读书时，有同学反映倪不洗澡，有脚臭，倪显得情绪很低落，开导后有所好转，已答应每天洗脚、刷牙。

9 月 21 日：晚八点半倪回寝室后又到超市买零食，得知老师知道 她在超市欠了近 200 元后号啕大哭。我和王老师、陆老师等答应她暂不将此事告知家长，由她自己用零花钱逐步还清，她这才停止大哭，但情绪仍然低落，担心会因此事受到家长责罚。

10 月 12 日：课间操时倪不待在班级队伍里，排斥做操。我劝她站到队伍最后面监督大家做操，她也没有反应。随队回班时做小狗的动作（吐舌头、哈气、蹦跳），会不会是因为觉得小狗有人爱，想以此来讨好他人？

10 月 20 日：倪在体育活动时不跟大家在一起，体育老师告诉她不要离开操场，但她不听。体育老师追出来后批评了她几句，她就坐在地上一直哭，不讲话。回到教室后，又坐在教室后门地上哭。经过再三劝说、连抱带拉，才将其带到有软木地板的图书角。倪说自己跑出操场是因为同学不跟她玩，她想回教室，老师却不让，觉得伤心。我劝说她要和大家一起活动，才能被大家接受。倪在我办公室吃过晚饭后，情绪有所好转，答应了我的提议，并与我击掌。

11 月 15 日：倪坐在走廊的地上哭，说想和同学玩，同学不带她。我跟她讲，只有跟其他同学一起做操、站队、上课，才会得到同学的接纳。她接受了我的提议，站起来回屋里，但似乎不太情愿。

11 月 16 日：倪今天心情很好，在课间操时主动做了值日，还让我看整理后的柜子。当然，她做这些都是为了获得每天 10 元的零用钱。她希望父母为她买一箱肉松饼，但其父的表现令我吃惊，只单纯推给老师。我最终帮她买了。

12 月 3 日：生活老师反映倪晚上直接从上铺跳到下面的桌子上，很危险。我和生活老师都认为她睡下铺会安全些。生活老师建议她睡下铺，她拒绝，一直要逃开，被生活老师拦住。我赶到后，她哭了，不讲话，在我的劝说下，她同意回到宿舍思考一下，下午再给我答复。下午她情绪变好，跟我讲要睡下铺，并答应不跳上桌子。

12 月 15 日：周末值班老师反映倪在班里吃狗粮，遭到同学嫌弃。经和其父母沟通，得知狗粮是她以买画的名义向父母要钱买来的，我劝其父母不要给她过多的钱，她父母答应了，但是对狗粮的处理没有提出要求。我请值班老师没收了她的狗粮。我回学校后，观察她情绪基本稳定。她不知道父母已经知道她吃狗粮的事，还埋怨父母不继续给她钱，跟我说“恨”她的父母。倪有太多行为在模仿狗，也许是她家的狗对她有很大的影响？或是她漫画看得太多？

郝老师告诉我，初中部主任已经召集她和心理老师、生活老师开会专门研究过倪文利的情况，前面心理老师发的那个文件，就是大家研究后得出的结论。她已经把心理老师的建议郑重地告诉了倪文利的父母。我收到的那条短信，估计就是倪文利的父母看到这个建议后的反应。

我考虑到倪文利的父母可能还不是很清楚孩子的情况，或者虽然知道了，但还没有意识到问题的严重性，所以我直接与孩子父母联系，建议他们尽快来上海，想与他们进行深入交流。我在短信里说：“为了孩子，请你们辛苦来一趟。”

很快，倪文利的父亲来到了学校。我问：“孩子妈妈呢？”她父亲回答：“家里有事，所以就只有我一个人来了。”倪文利的父亲看起来是一个老实本分的人。我先跟他寒暄了几句，问了一下他的职业、家庭情况。他没有具体说，只说他们夫妇两个各自做生意，孩子的母亲脾气不太好，言语中似乎有不愿多说的意思。我随即把话题转到孩子的种种表现上来。当我说到孩子完全不上数学课的时候，他似乎很激动，告诉我，在济南，他给文利换了好几所学校，就因为第一所学校的数学老师特别凶，每一堂课都会骂文利，所以文利一上数学课就头痛，去医院看过，医生也没办法。后来换了几所学校，情况也没有好转，只要上数学课，文利就没办法坐在椅子上，头痛得不行，还被个别老师骂是猪、是狗。

听到这儿，我心里一颤，忽然明白了郝老师百思不得其解的那个问题——为什么倪文利总是模仿狗的行为，还学狐狸叫，在地上爬。大家认为她在模仿狐狸其实是误会，她是在学狗叫，学狗的样子在地上爬。孩子该是受到了多么大的伤害，才会变成这个样子！

我突然非常心疼这个孩子，也非常同情这位父亲。要不是孩子实在在山东待不下去了，何至于不远千里，把孩子送到上海来念书？而且孩子一有风吹草动，他就要从山东赶到上海，这需要多大的决心哪。我不禁脱口而出："哎呀，你这位爸爸真不容易！"

听到我说这句话，这位山东汉子眼圈都红了。嗫嚅了一会儿，叹了口气，对我说："哎，我们家为了这个孩子，都已经快过不下去了，我们也不知道该怎么办了。"因为是孩子母亲给我发的短信，所以我这次请倪文利父母来学校，主要是想跟孩子母亲深入交流，因为我知道，现在家里一般都是母亲管孩子。上次在招生办第一次见到他们一家三口的时候，我感觉到孩子母亲虽然话不多，但显然是家里主事的人，但这一次偏偏她没来，所以我不禁再次问："孩子妈妈给我发了短信，责怪我们郝老师不应该赶倪文利走。其实，郝老师并不是想赶倪文利离开学校，只是建议你们带孩子到专业机构去检查一下，看看有没有更有效的治疗方法。孩子妈妈是不是有些误会了？”孩子父亲又叹了口气，说：“我也劝她不要发这个短信。学校已经为文利做了许多了，不能怪老师。她这个人脾气不太好，我也没办法。”

接下去，我强调了孩子有中度自杀倾向的问题，着重说了孩子几次趴在窗台上喊“不想活了”的事，特别提醒这位父亲，这是一个非常严重的问题，并再一次建议他带孩子到上海的专业机构去做一次认真的咨询。

孩子父亲回复我说：“其实孩子已经自杀过一次，就是跳水。”我问是什么事情，他不情愿地说：“文利读幼儿园的时候，她妈有一次带她出去，她不听话，她妈就在公路上直接把她赶了下去，自己开车走了，最后还是我出来把孩子找到的。从此孩子就跟她妈不太亲了。这几年她妈的脾气越来越坏，还打骂孩子。慢慢地孩子就变成这样子了。”

我对孩子父亲说：“其实，孩子现在最缺的就是父母之爱。她的这些不太正常的行为，归根结底还是因为这个。过去孩子没有住校的时候，即便偶尔挨打，毕竟一家三口是在一起的，可现在你们把孩子一个人送来寄宿，是不是会让她感觉自己被爸爸妈妈抛弃了？一般来说，孩子与父母的关系很正常，是不会产生这种想法的，但如果孩子与父母的关系不好，则很容易产生这种想法。况且你们人在山东，一个月也不能保证来看她一次，就更容易让孩子产生这样的想法。”所以我建议：第一，当务之急，是带孩子到专业的心理咨询和治疗机构去做正式的诊治，上海这方面的资源非常丰富，我也向他介绍了几家；第二，为了孩子的健康和安全，还是应该把她接回他们身边学习，或者他们来上海工作，这是比较妥当的。沟通之后，孩子父亲答应，这几天就带孩子去看医生，但对于第二条，则表示现在很难，山东那边已经不可能有学校接收倪文利。

几天之后，我问郝老师，倪文利的父亲带她去看医生的结果如何。郝老师回答我，孩子的父亲带她去看了中医，带回来一大包中药，现在正在吃。

转眼到了第二学期，郝老师专门找我汇报倪文利的事。这一段时期，老师在倪文利身上花了大量的心血，可情况不但没有好转，反而更严重了。令我们都深为担忧的是，她常常伤心地哭泣。几乎所有老师都很同情她，都会给她格外的关照。班主任也在班上跟同学们讲，要多关心倪文利同学，要主动与她一起学习和游戏。有的时候她很开心，也很配合。她很喜欢手工课，可以用胶泥捏出各式各样的动物放在教室里，送给老师和同学，表达感谢之意。但更多的时候，她又拒绝老师和同学的好意。我们曾专门召开研讨会，一起分析倪文利的种种表现，心理老师把这种状态称为“自卑综合征”。倪文利严重缺乏价值感。在这种情绪中，她常常做出一些非常特殊的事，比如，她知道自己来例假的时候，大家都非常关心她，就故意在这个时候吃凉的，想看看大家是不是真的关心她，爱她。但等到大家真的来关心她的时候，她又非常恐惧这种关心终会消失，从而更加没有价值感，于是更加自虐。心理老师告诉我，这种严重的价值感缺失，很大程度上来自家庭。因为家庭之爱、父母之爱是永恒的，是一个人获得价值感的源泉。缺失了这种爱，任何爱都无法弥补。所以当老师、同学真的来关心她的时候，她会产生“我是没人爱的孩子，我不配你们这样爱我”的心态。这是倪文利所有奇怪行为的根源。

我最担心的是，倪文利已经出现了不止一次的跳楼行为。郝老师在 2016 年 4 月 17 日的日记里记载了其中一次：

倪因爸爸拒绝给她买一个价值 68 元的储蓄罐而在寝室窗台上以死相逼，半个身子已伸出窗外，生活老师一直拉着她。我到达后，跟她讲如果她还想买就进来，她才回到屋子里。我让她给我展示储蓄罐的图片，想以此来分散她的注意力。最后跟她约定，如果劳动节前的这两周她都好好表现，我就帮她跟爸爸争取将这个储蓄罐作为劳动节回家的礼物给她。我以 10 分为满分，如果她拿到 7 分就算成功。倪答应了我的条件，但情绪仍然低落，在图书角闷闷地躺着，后来发夏季校服的时候才兴奋起来。此事已经通过微信及电话告知她爸爸，她爸爸只是道歉，并没有具体回答。

转眼又到了期末，我给孩子的父亲打电话，希望孩子母亲这一次能够跟他一起来学校，我们再谈一次。6 月底，放假之前，还是只来了孩子父亲。我在教学楼一个会议室跟他谈孩子的情况。他背对着走廊，我面对着走廊。我隐约看见倪文利在窗台下、门旁边走来走去，有的时候还悄悄推开一条门缝。

我对孩子父亲说，就孩子在学校的情况来看，她几乎没有学到任何东西，因为她基本上没办法安心听课。对她的心理治疗，我们同样没有什么更有效的办法，因为我们毕竟是学校，而不是专业的心理治疗机构。这样一来，孩子每年在我们学校花掉的差不多十万块钱，可以说是白白浪费了。如果家里每年有能力支出这么多钱的话，完全可以找一家专门治疗心理疾病的机构，那会对倪文利有实际的好处。

我这么说，一方面因为这的确是事实，是站在孩子和家长的角度来考虑的，但更主要的是，我觉得倪文利在学校是非常危险的。如果我们不能及时发现她的情绪波动，就可能出严重的事故。实话说，这也是从学校的角度来考虑的。我不讳言这一点。既然如此，我就应该采取措施以避免严重事故的发生，这是我这个校长应该做的事。

就在我们谈得差不多的时候，倪文利突然推门进来了，隔着桌子停在离我两米多的地方，脸上满是忧愁，怯生生地问我："校长伯伯不会是不让我来学校了吧？不会把我开除了吧？你跟我爸爸说，让他不要带我走。”

当时，我刚刚说完我的提议，她父亲还没来得及谈他的想法，我也确实不知道他对我的提议怎么想，下学期是不是还会送孩子过来。但面对着孩子充满了希冀的口气和忧愁的眼睛，我无法说出真话，便脱口而出：“不会的。”听了这句话，孩子脸上立马绽放出灿烂的笑容，眼中的忧愁一下子荡然无存，完全是一个正常孩子的模样。我的心不由得颤了一下。

从那一刻开始，我就心生愧疚，感觉到自己说了假话，骗了她。

2016 年 9 月，新学期开始了，郝老师告诉我，倪文利的父亲来电话说，孩子不来学校了。

我不敢去想象倪文利会怎么想我这个校长伯伯。我是不是加重了她心灵的创伤？我当着她的面说，下学期还会让她回学校来上学，但事实证明，我骗了她。

两年来，我尽力避免想这件事，因为每次想起这件事心里就发虚。我没有办法摆脱这种心虚的感觉。白纸黑字如实记录这件事，算是对自己的审判，也算是对自己职业道德的一个交代。

但我好希望，当我再遇到倪文利时，她已经变成一个十七八岁的美丽姑娘，已经完全摆脱了那种忧愁和伤痛，成为正常的孩子。我好希望，事实也确实如我跟她父亲建议的那样，她离开我们学校后，就去一家正规的治疗机构接受科学的治疗。如果真是这样，我的心灵会得到安宁。

2018 年 6 月

外方校长离职风波

如果要问创校三年中给我压力最大的是哪一件事情，我肯定会说，是阿比盖尔（化名）先生突然离职这件事。2017 年 7 月 29 日，我正在高铁上，突然收到学校外事办主任的微信，打开一看，是阿比盖尔先生写的《告学生及家长书》。粗粗看过后，马上要外事办主任翻译成中文又细看了一遍，才知道问题的严重性。这封信我至今还留着，每一次看，都有一种说不出的难受，甚至是沮丧。

他的信主要有三个方面的内容。第一，集团公司违约，不再让他担任我校校长；第二，他和我这个中方校长有矛盾，我不支持他的工作；第三，他与另外两位和他一起来到学校的外教，从即日起辞去我校的教职，到另一所学校任教去了。

阿比盖尔先生写出这样一封信，不能说完全出乎我的意料，但其具体内容还是让我很震惊。

2015 年，学校初创，当务之急是组建班子。对于国际部主任这一职位，集团公司国际部向我推荐了阿比盖尔先生。我看了阿比盖尔的简历，觉得他的背景、年龄、经历都非常合适，尤其是他在深圳中学国际部工作了五年，培养了很多学生，对中国的情况也有所了解，应该说，他是我校非常理想的人选。为慎重起见，我托深圳市教育局的朋友帮我从侧面了解了阿比盖尔的情况，差不多一个星期后，朋友很认真地给我回复。第一，阿比盖尔确实在深圳中学国际部担任外方负责人，相当于课程主管。第二，他在专业上是有一套的，很受学生欢迎。第三，他的个性比较强，人比较强势。第四，内部管理不太顺，外教们对他有意见。我考虑，第一，现在学校迫切需要一位外方管理人员。第二，有个性没有问题，我们可以坦诚交流，多沟通，只要是对学校有益的事，我都可以听他的。第三，管理上不太成熟，我可以设置一个“外事办主任”，选一位在国外生活过，了解外国人思维方式，又有一定国内工作经验的老师，一方面在我和阿比盖尔之间搭起一个桥梁，另一方面帮助他加强国际部的行政管理。最后，我在上海约见了阿比盖尔先生，并于当日就签订了正式合同。关于阿比盖尔先生的职位，合同上写得很明白——“国际部主任”，英文是“Director of International Department”。这是到目前为止，学校跟阿比盖尔签署的唯一一份合同。

2015—2016 年，我跟阿比盖尔的合作是非常愉快的，在许多事情上的配合甚至称得上默契。当时学校还处于草创期，有很多事情，比如图书馆的设计、实验室的设计，我都找阿比盖尔一起到现场商量，一起确定方案。校徽设计，也是阿比盖尔画出草图，然后加上我的想法，交学校美术老师最后定型的。阿比盖尔提出他在深圳中学还有两位同事可以一起过来。我看过两位外教的简历，一位年龄差不多 70 了，另一位的背景跟阿比盖尔差不多，都不是目前学校国际部所急需的人才。但既然阿比盖尔提出了，从长远考虑，我也即刻同意了。另外，阿比盖尔的夫人要陪同他在中国生活，我也在学校条件允许的范围内，尽可能地照顾好他们的生活。对于一对美国夫妇不远万里来到中国，尤其是来到崇明岛上工作和生活，我是非常佩服的。这种敬佩成为我与阿比盖尔的友谊的基础。阿比盖尔也对我非常友好，曾不止一次地当面对我说，我是他在中国看到的最好的校长，非常有魄力。我当然知道这是礼貌的表达，不会当真，但也知道，这是我跟阿比盖尔友谊的象征。

2016 年下半年，阿比盖尔表示，他对“国际部主任”的职务不满意，希望能全面负责国际部的工作，并要求直接向集团高层表达这个意愿。我对阿比盖尔的要求有些诧异，但又觉得他直率，勇于担当，愿意多做事，也不是坏事。于是陪同他向公司高层汇报。当公司董事长、总裁征求我的意见时，我同意了阿比盖尔的提议，建议将其对外的正式职位改为“外方校长”，具体负责国际部的教育教学工作；国际部的行政协调工作和后勤保障工作，由学校统一管理。在职位上相当于学校的副校长，在行政管理程序上对我负责。这样处理既满足了阿比盖尔进一步赋权的要求，又不影响整个学校的正常运作，是一个比较妥当的安排。记得为了避免歧义，我特别嘱咐要精准翻译这一职位名称，并加以确定。集团公司同意了我的这个具体安排，口头向阿比盖尔做了确定。在回来的路上，我握着阿比盖尔的手表示祝贺，感觉已经跟这位美国老兄紧密地团结在一起了，我们已经是搭档了。这种安排，等于是让他也分担了我的一部分工作压力，对我、对学校，都是好事。当然，我也有一点儿担心。国际部的工作，说到底，是要把这些孩子送到美国、加拿大、英国等国家的大学里面去的。美国老兄工作起来也很投入，但对于他能不能将细致的管理工作落实下来，能不能使之更适应我们学校的实际，我心里还真没底。现在回过头来反思，当时应该把集团高层向阿比盖尔口头确定的内容，以附件形式写在合同上，并且细化他的职责，要求其对工作结果负责。如果当时这些事情做到位了，也许就不会有后来的这些事了。

接下来的差不多一年，我跟阿比盖尔的合作比过去更和谐。所有的招生活动，都是我作为中方校长、他作为外方校长共同出面。因为我来“新纪元”之前，在大学担任教授，而阿比盖尔也在美国路易斯安那州立大学里做过教授，所以我们中外两方校长同时具有中外大学教授的身份，这样的背景给了很多家长信心，也让学校在业内受到格外的关注和赞赏。集团对我与阿比盖尔的合作，也多次表示满意。在集团公司年会上，往往是我们两个一起代表学校出头露面，在公司酒会上，我们一起给领导和同人们敬酒，我们两个人也互敬，酒酣之际，我们拥抱着，互称 great buddy（好哥们儿）。

只是在工作上，我有一些隐忧。国际部的工作整体上还停留在日常的教学上。语培项目尚需整体的考虑和实际的安排；学生的大学申请工作，也要开展前期准备，比如，对于应该申请的目标学校、目标专业等方面，学生完全没有想法，这就需要我们多请美国大学的招生官来学校办讲座，跟学生和家长逐个交流；还要积极地组织学生开展各类社会实践活动，以提升他们的行动能力，丰富他们的简历内容。而这些方面的工作，我均没有看到阿比盖尔有任何动作。我也曾提示过他，回答是都有安排，但迟迟不见行动，这确实让我忧虑。

2017 年 5 月，阿比盖尔提出将国际部独立出来，并由他担任校长的要求。他明确提出不再做我的副校长，必须是独立的校长，具有人财物的全面决定权，直接对集团公司董事长负责，不再对我负责。另外，也提出了薪水方面的要求。同样，要求直接与集团高层对话。

我觉得阿比盖尔显然是不了解中国的情况。国际部一旦独立，那就是一所新的学校，就要向政府有关部门重新申请办学许可证。短期内几乎完全不可能。那剩下的只有一种可能，就是对外不宣布国际部独立为一所新学校，但实际上独立运作。但这样一来，就会出现一个校园、两所学校的问题。在这么一所占地仅 50 亩地的学校里，在所有设施都共用的情况下，分别设立分属于不同校长管理的两所学校，那绝对会乱成一团。在向集团高层汇报的时候，我明确提出：这不现实。但阿比盖尔有这个愿望和热情，我建议公司可以积极寻找新的办学场地，同时申报新的学校，将我校分剥成一所九年一贯制学校和一所国际高中学校。在这个条件下，我完全同意让阿比盖尔担任未来这所国际高中学校的校长；但是，在两者还必须共用一个校园的现状下，国际部就不能独立运作，阿比盖尔也不能独立出来担任国际高中学校的校长。这绝不是我贪恋这个校长之名和权，而完全是从学校的稳定和发展角度来考虑的。集团高层同意了我的意见，于6月底与我和阿比盖尔面对面坦率地交换了意见，详细解释了中国的一些政策，明确了当前的情况：国际部尚不具备独立的条件，所以目前阿比盖尔的工作，还是要对我负责，无法完全独立。阿比盖尔可以在国际部的课程与教学方面完全负责，但在行政协调和后勤保障方面，还是我对全校负责。集团高层特别强调，等今后条件具备了，再考虑国际部独立，由阿比盖尔担任校长。同时，对阿比盖尔提出的加薪要求也表态，先执行完现有合同再正式予以落实。在新合同签署之前，可以奖励形式来兑现。

阿比盖尔当场表示接受，并表示7月将回美国休假，8月中旬回校上班。可就在7月底，直到我们在微信上看到他给学生和家长的信，才知道他已经找到了新的学校，并辞去了我校的教职。

当我看到这样一个结局的时候，有四个想法。第一，阿比盖尔对学生是非常不负责任的。现在高二的学生下学期就要申请美国大学了，即使仅仅从学生利益出发，也应该先执行完合同，而不应该中途毅然做出辞职的选择。第二，阿比盖尔的职位确实有过一次变更，但不管是合同还是集团与阿比盖尔口头的承诺，抑或是过去两年在具体工作中的实际执行，都没有说阿比盖尔是不用对我负责的独立校长。阿比盖尔在公开信中指认集团和学校违背合同，不再让他担任我校校长的这个说法，完全违背事实。第三，对这封信中关于我的内容，我用大吃一惊来形容不为过。我从不知道阿比盖尔对我有这么多意见，因为这与他平时的说法完全不一样。第四，为了学生的利益，集团、学校，都应该尽力挽留阿比盖尔和由他带来的两位外教。为了达到这个目标，除了国际部独立运作确实难以做到之外，其他所有方面都可以重新谈，尤其是薪酬上，可以直接满足他们的要求。

我把我的想法向集团高层做了汇报。董事长亲自来到学校，准备跟阿比盖尔再谈。阿比盖尔没有同意。我通过外事办主任向他表达了我愿意再与他谈一次的愿望，也没有得到回应。两天以后，门卫告诉我，阿比盖尔已经将自己的行李打包装车，离开了学校。

那天我一个人走进阿比盖尔原来住的房间，人去楼空，只留下一些被丢弃的杂物。阿比盖尔和他的夫人在学校这两年的一点一滴像放电影一样重现在我的眼前。我听说，他的夫人是流着眼泪离开学校的。我想，这一对美国夫妇，在异国他乡，这样不愉快地离开了工作两年的学校，内心一定比我更沮丧和难过。我回到房间，在手机上写了一段离别的话，托外事办主任转给他。我特意说明："工作上有矛盾这很正常，现在你既然已经离开了学校，我们在生活中还是朋友，毕竟一起走过了两年，共同度过了学校最艰难的时期。今后若在生活上、工作上有什么需要我帮忙的，尽管找我，我对上海的情况还是比较了解的。"后来我从别处听说他收到了信息，还表示了谢意。

阿比盖尔的离职，给学校的工作带来非常大的影响。一方面，那封公开信将学校管理层的矛盾描述得很严重，从而让学生和家长对我们失去了信心。办学两年来，学校各方面的信息一直都是正面的，这是第一次出现负面信息，而且是很严重的负面信息。这种行为在某种程度上，摧毁了学校两年来好不容易建立起来的形象。另一方面，三个外教的离职，让学生和家长对学校的外教师资产生了怀疑和担心。国际部的一些学生和家长开始另寻新的学校，生源流失不可避免。这两个方面，都让我非常沮丧和焦虑。那几天，我已经到了日不能食、夜不能寐的程度。

当阿比盖尔离职已成定局后，我必须处理好后续事宜。我觉得，最重要的不是与阿比盖尔论个是非，这对学校、对我来说都毫无意义。当务之急是要重新建立起学生和家长对学校的信心。我相信，学生和家长关心的并不是这一事件的纠葛及缘由，而是学校如何将这一事件带来的不好影响降到最低，简单地说就是，下学期整个国际部的工作，要如何做才能保证孩子们的学习和思想不受影响。

我做的第一步，就是通知国际部的所有班主任迅速回校上班。我要求各位班主任迅速与班上每一位学生和家长联系，说清实际情况，表明校方态度，安抚大家的情绪。第二步，通过微信公众号和校园网对外宣布，国际部由我直接分管，学生和家长有任何问题，可以直接咨询我。第三步，迅速与各方朋友和各专业机构联系，请他们紧急向我推荐一位有国际教育背景的人才担任国际部主任。第四步，即刻制订下学期国际部的工作计划，确定召开国际部家长会的时间和内容。这四步执行之后，局面得到了初步的控制。

学校很快确定了美国明尼苏达大学博士后于中连老师为国际部主任，同时任命国际部创始人之一、学校外事办主任范彦老师为副主任，全面接手国际部的工作。于中连博士留学美国，有 5 年跨国公司工作经验，曾任新航道国际项目负责人，专长于国际课程开发、中国学生国际化适用性解决方案和学生升学长期规划，曾帮助数百名学生拿到美国知名大学的录取通知。范彦老师毕业于上海师范大学，具有硕士学位，有近 10 年的国际课程管理与教学经验，曾赴英国雷丁大学参加 TESOL（对外英语教学）学习，赴美国加利福尼亚大学洛杉矶分校参加升学指导培训。同时，我们紧急启动新的外教招聘工作，聘请耶鲁大学毕业的研究生约瑟夫先生担任学校的大学申请办公室主任。到 8 月底，新的外教迅速到位，国际部所有班主任全部具有海外留学背景，全部具有硕士以上文凭，好几位老师都有在国外工作的经历。我们及时把以上信息传达给各位学生和家长，极大地增强了他们对国际部的信心。9 月 5 日，学校如期开学，国际部新生全部报到，虽然老生也确实走了近 10 人，但国际部总人数已经超过百人。在国际部全体学生和家长参加的开学典礼上，我以一位农民工写在河南省实验中学教室黑板上的一段话作为我的开场白：

不奋斗，你的才华如何配上你的任性？

不奋斗，你成长的脚步如何赶上父母老去的速度？

不奋斗，世界那么大，你靠什么去看看？

一个人老去的时候，最痛苦的事情，不是失败，而是我本可以。

我对同学们说，你们应该感谢父母为你们提供了这么好的学习机会，为你们开辟了这么好的前程。但是，如果你们不认真、刻苦学习，不好好把握这个机会，很有可能白白浪费掉这样好的学习时光。我明确告诉同学们，这一个学期，我们将花大力气抓纪律，抓学习的纪律，抓寝室里的纪律，抓行为规范。从本学期开始，国际部管理层完全由中方教师担任，过去那种放任式的管理模式肯定要改。我特别强调，从今天开始，凡是违反学校管理制度的，学校将遵照规定采取坚决的措施予以惩处，直至开除。我的讲话博得家长的热烈掌声，这个掌声也意味着历时一个月的外方校长离职风波基本结束。

开学不到一个月，我和国际部全体中外教师一起，重新厘定了国际部的课程计划，全面制定了国际部的各项管理制度，同时，邀请我们在美国的合作学校法拉古特学校副校长和全球总监来我校重新确认合作内容。国际部人心稳定，开始进入稳定发展时期。

后来我反思外方校长离职事件，我觉得，一方面确实存在中外文化差异和沟通不畅的问题。我们应该从这一事件中吸取教训，以后与外方有关的事情，必须及时以书面形式加以确认，千万不要停留在口头上的说明或承诺。甚至说得极端点儿，外教无小事，没有书面化、法律化的口头说明或承诺，很可能会误导外教，引起误会。在这一点上，如果要厘清责任的话，这个责任在我。另一方面，学校管理权还是要掌握在中国人的手上。一般来讲，中方管理人员对中国学生的责任感更强。这也许正是中西文化差异之所在。事情发生后，我专门拜访了沪上几位老资格的国际学校校长，向他们请教处理此类问题的策略。待我忧心忡忡地说完事情原委，这些“老法师”看着我笑。我问他们笑什么，他们说，他们也都是这么走过来的。开始的时候都没有经验，不知道“铁打的学校流水的外教”，一旦外方人员有种种原因要辞职，学校的动荡就不可避免。中国国际学校这种完全依靠外方管理人员的路子是走不通的。我在向集团汇报的材料上特别提出：集团学校基本上都有国际部，在国际部初创时期，把管理权交给外国人可能更容易起步，但有后患。集团各兄弟学校，应该从我校的外方校长离职风波中吸取教训。

一个学期不到，我听说阿比盖尔先生和他从深圳中学带过来的两位外教又从新的学校辞职了。我尝试与他联系，想问问他有没有需要我帮忙的事，但已经联系不上了。我跟阿比盖尔的缘分，就真的结束了。

2018 年 6 月

我的伤痕

我在为本书编写目录的时候，就拟定了本辑的标题《学校的伤痕》。“伤痕”一词，在这里当然用的是比喻义。这一辑，是想记录在办学过程中，由于种种原因，曾发生的一些我不想发生，但终究发生的事。这些事，对我、对当事人，都或多或少有伤害。我作为一校之长，当然应该尽力避免出现这样的事，但客观地说，在创业过程中，这又是难以避免的，也是创业所必须付出的代价。只是我没有想到，有一天我会以“伤痕”一词的本意，写下关于我自己的这篇文章。

2018 年，上海市出台招生新政，主要是两条：一是公办、民办学校同时招生，二是初中学校学生考重点高中名额分配到校。这两条对民办学校招生工作的冲击是显而易见的。招生新政一发布，沪上各位民办教育家普遍陷入焦虑，几乎所有民办学校都开始行动起来，各显神通，以应对这种新的情况。本来经过两年多的发展，我们学校在一部分家长心目中，已经有了比较好的声誉，也有了一定的知名度，招生压力已经大大减轻。但在这种形势下，压力陡增。我冷静地观察了一段时间，决定还是亲自出马。我的对策是，在 4 月招生热季，面向广大家长推出“家长择校策略公益系列讲座”。根据我对上海各类学校的了解，以及对未来一段时间教育发展总方向的把握，我着力引导家长理性择校，为孩子找到合适的学校。讲座一推出，赢得了家长的一致好评。大家都觉得这个讲座是站在家长和孩子的角度考虑问题的，特别有针对性，讲的内容很务实，很有操作性。我的讲演稿在各大网站发布后，有许多机构主动邀请我宣讲。于是我给自己设定了一个目标：4

月份，30 天，讲 20 场。为了完成这个目标，有时要上午一场、下午一场。非常辛苦，但效果非常好。在了解我和学校后，许多家长在听完讲座的第二天就来探校，有的时候学校招生办甚至门庭若市。

只是没有想到，就在我完成第 18 场讲座后，一场突如其来的车祸中止了我迈向第 20 场的步伐。

4 月 22 日上午，在完成了一场计划中的讲座后，我从浦西回浦东。因为 21 日已经讲了两场，所以上午这一场结束后我感觉有点儿累，一上车就系好安全带闭上眼睡着了。车祸究竟是如何发生的，我完全不知道。碰撞发生的那一刹那我被惊醒，先看到了一片火光，接着是一团黑烟，然后背部传来一阵剧烈的疼痛，接着腹部一阵紧缩。我发现自己已说不出话来，但脑子是清醒的，我意识到自己受伤了。当时我的下半身夹在前后座位间，只有腰以上还在座位上，身体扭曲着，喘不过气来，要窒息的样子。我用脚蹬着前座的靠背，用尽力气把自己的身体推上了座椅。身体稍稍放平，喘气顺畅了些，但背上的痛感却因为用力而加剧了。我意识到，背部肯定伤到筋骨了，不到万不得已，不能再动。

从出车祸到救护车来，这一段时间是最难熬的。我观察了一下，发现我的车停在隧道里。车祸发生后，两个车道就都被堵住了。我知道救护车不可能很快到，还要再等一段时间，于是我一边告诫自己不能慌，一边先动了动脚和腿，发现没有什么大问题，只是右腿膝盖位置内侧有刺痛感，但我摸不到，不知道是什么情况。然后动了动手，发现除了有点儿抖外，没什么大碍。我又摸了一下头和脸，没有发现血迹。那问题就集中在背部和腹部。我能够感觉到背部的疼痛感来自脊柱，肯定是脊柱出问题了，而腹部则肯定是内伤。我努力调匀呼吸，尽可能摆好身体，努力让自己处在放松的状态，静静地等待。我知道，这个时候我做不了任何事，只能等待。

在漫长的等待中，我终于听到了救护车的声音，但那个声音一直停留在远处，没有来到身边。我知道是因为隧道被堵住，要慢慢移车。果然，疏通车道的拖车先于救护车来到，把我这辆车挂上了拖车。车被往前拖了一小段，救护车才到。我听得见救护车门被打开、担架被放下的声音，然后听到有人问：“可以动吗？”我努力摇手，然后就感觉到有人要用搂的办法把我从车上抱下来，我用力阻止他，拼命摇手。因为已经不能说话，只能在喉咙里发出呼呼的声音。终于有人说，他不能动了，上去一个人吧。于是有人用手抓住我的皮腰带，有人托住我的头，有人抓住我的脚，随着一声“嘿”和一阵剧烈的疼痛，人已经到了担架上。

我听见救护车上的人在商量送我到什么医院去。有人说，这里离杨浦区中心医院最近，就送那里。

在杨浦区中心医院开始做各项检查的时候，疼痛加剧，全身大汗，额头上的汗流到眼睛里，把眼睛刺得睁不开。

家人和学校的同事都赶到了。听医生说，从 CT 片上看不出什么问题，先吊点儿水，观察一下。

我知道这肯定不对，这么疼痛，不会没有问题。我抓紧我爱人的手，将她拉到我的身边，对着她的耳朵说：“快找一家大一点儿的医院，我不行了。”

大约三个多小时后，救护车把我送到长征医院。在急救大厅，内科、外科、骨科医生简短会诊后，我听见有一个声音说：“胸椎骨折，明天先检查，后天手术。”

第二天是各项检查，结果很快出来了：脊柱 T11、T12 处折断，呈断裂后错位状；左右肋骨多处骨折；胸骨连续性骨折；肺部挫裂伤；胸部积水严重。

第三天上午七点半进手术室，下午三点出来，七个多小时。从全麻中醒来的时候，看到医院走廊棚顶方形的灯一个一个迅速向后移动，我知道自己正躺在病床上，被人快速推动着向不知道的方向走。我闭上眼睛，耳边有人在叫我。我意识到，手术结束了。

终于进了病房，不再移动。我看到了一个大栅栏，栅栏里是一小格一小格沸腾的水，阵阵白气直往上冒。我努力睁大眼睛，看到的还是这个景象。我知道这是幻觉，可为什么出现这样的幻觉却搞不清楚。我猜，这是输血后的反应。

手术后的 6 小时，医生说不能睡觉。事实上我根本睡不着。除了疼痛，还有一系列的术后反应。听医生说，已经用上镇痛棒对付疼痛。我问镇痛棒是不是有副作用，答曰有，一是对脑子多少有点儿影响，二是对伤口愈合有影响，三是对术后大小便也有影响，四是会有呕吐感。居然有这么多“影响”，我果断要求不用镇痛棒。医生问：“你确定？”我坚定地说：“确定无疑。”于是镇痛棒被关上了。几乎在三秒钟内，我就感觉到了疼痛加剧。我的伤口是在背部，我仰躺着，就等于整个上半身都压在伤口上。那种感觉就好像背后有火在烧，但我用一个铁盖子将它盖住，任它在铁盖子下燃烧。

术后艰难的第一个夜晚过去了，我基本处于半昏迷状态。没有想到的是，第二天下午，几乎是在突然间，胸口处有窒息感，腹腔鼓起老高。全身难受的感觉倒让我从半昏迷中醒了过来。我猜，内脏的问题开始显现了。

床头的监视器发出各种声音。我听见医生在说，血压太低了，氧饱率太低，还有低烧。除了原来在双手上的输液针，医生开始在我脖颈、腹股沟处插针，氧气罩也戴上了。我听医生对护士说，全部打开，开到最大。我觉得这应该就是在抢救了。

人在这种极度难受的状态下，会出现连续不断的幻觉。睁开眼睛，闭上眼睛，看到的都是宫殿式的坟墓，连绵不断。接着是各种女神，身着翩翩衣裙，但整体都是透明的，而且柔软似水，在我头部的上方一会儿往下飘，一会儿往上飘，一会儿又悬在我的眼前。因为太逼真，我有的时候忍不住用手去拂一下。用力睁大眼睛去看的时候，又什么都没有。身体已经没什么感觉了，我想努力感受，只感觉到身体在慢慢上升，慢慢上升。升得越高，似乎疼痛就越轻，人就越舒畅。于是我想再升一点儿，再升一点儿。似乎就在刹那间，我意识到这是不对的。升上去了，就回不来了。于是我暗示自己，要往下沉才对。我努力想象自己往下沉，往下沉，就感觉到身体确实在缓慢下沉，也慢慢恢复了些感觉。这也说明在这样的时候，坚强的意志能够帮人渡过难关。

在这样的状态中，我度过了艰难的24小时。手术后第三天傍晚，我终于从昏迷中醒了过来。我看了看窗户，正是黄昏时分，心里想，刚才可能眯了几分钟吧。过了好几天我才弄明白，其实我昏迷了一天一夜。这24小时对我的一生都会产生影响。我对自己说，与死神打了个照面。

感谢现代医学，也感谢为我诊治的医务人员，我终于度过了术后那几天的危险期。手术后的第五天，我的主治医生为我专门定制了一副“盔甲”，它紧紧包裹着我的整个胸背部，固定住我的脊柱。医生说，你可以下床站起来了。

那天，我的爱人和孩子、学校的同事，还有我多年前教过的学生，都在。他们一起看着我穿好“盔甲”后，合力把我抬起来，帮我在地上站好。我感到自己的双腿能使上力，能在地上站稳了。医生说：“走几步。”我就挪了几步。医生又说：“走出去。”于是我就走出了病房。很多天以后，同事把那天的视频给我看，我看着自己死里逃生的模样，心里有点儿酸楚。

半个月后，医生为我的刀口拆线。我特地嘱咐家人把刀口拍下来，我想看看是什么样子。当家人拍好照片拿给我看的时候，我就想到了这四个字：我的伤痕。

6月24日，离手术整整过了两个月，也正值本年度新生家长会的召开。我身穿“盔甲”出现在家长会上。看着家长们诧异的表情，我说：“不好意思这个样子见大家。医生说，这副‘盔甲’我至少要穿三个月，因为我的脊柱上还钉着12颗钢钉，现在还没有长好，还要靠这副‘盔甲’来保护。我想，在座的家长中肯定有许多是在4月听了我的公益讲座后知道我、知道我们学校，然后才来参观、报名，最后成为我们学校的家长的。我就是在4月完成第18场讲座后，在回来的路上出的车祸。每一次讲座的最后，我都会花两三分钟介绍我们的学校，我都会说一句‘我在岛上等你’。今天我终于等来了大家，所以我一定要在第一次家长会上与大家见面。”

家长们以热烈的掌声欢迎我。我觉得，我和我们学校，跟家长们建立了共同的情感信任，有了共同的语言。接着，我和我的管理团队向家长们介绍了我们在课程、教学、管理和生活等方面的计划和要求，并郑重承诺：以长者之心呵护孩子的心灵，以专业精神成就家长的梦想。家人和同事曾极力劝阻我参加这次家长会，因为我的身体还很虚弱，也不能长时间坐车，但我执意要回学校。我想通过这件事向家长表明，在我们学校，不管是校长、其他管理人员，还是老师们确定的目标和做出的承诺，我们都会不惜代价去实现。这是我们学校的办事风格，也是我们学校的立校之本。

办学校而已，又不是冲锋陷阵，即使再难，我们的人身安全都是有保障的。我这个校长在外出参加招生活动途中突遇车祸，纯属意外。但伤痕见证着曾遭受过的创伤，也意味着将持续下去的伤痛。它时刻提醒我，要想做成一件事，有时，是需要付出一定代价的。

2018年6月

我从公办学校的校长转型成为民办学校的校长，感受到了两个“重大区别”：一是民办学校的办学环境与公办学校有很大区别，二是民办学校校长的思维方式和行为方式与公办学校校长有很大区别。我认为，民办学校校长是一种新的职业，不是公办学校校长的简单平移。有人称之为“职业校长”，我觉得如不含贬义的话，似乎是可以的。目前，全国有为数不少的民办学校校长，但这一群体似乎并没有引起人们足够的重视，也鲜有人有研究的兴趣。

我国民办学校的校长其实担负着重要的职责，对教育发挥着独特的作用。他们大多从公办学校脱身出来，目前处于一种边缘化的职业状态；他们也许因不满而“出走”，但在新工作中又感到困难重重。原有的价值感已经失去，新的价值定位尚未确立。在这样的处境中，他们形成了一些特殊的心态、思维方式和行为方式。我认为，这是一个值得重视的群体，其生存状态值得研究。

在这一辑里，我收录了几则与圈内朋友的“密谈”。名为“密谈”，是因为谈的时候并无外人，其内容也不足为外人道。但我想通过这几则“密谈”，为关注民办学校校长这一群体的人提供一些样本。

第五辑

圈内人密谈

这一年我做了些什么

——答林茶居问

林茶居，《教师月刊》的主编，是我的老朋友。2015年他就知道了我“下海”的事，对我说，当时他就想好了，暂不打搅我，待一年后再来采访我，看看我过得怎么样。他还真没食言，2016年5月12日，专程来上海看我，要好好体验一下我的新工作环境。他到学校的时候，我正在学校的会议室面试来应聘的老师。他悄悄进来，把一个背包放在地板上，坐在角落里静静地看着我们。待老师走后，我们就坐在会议室聊了起来。

/ 我们的老师，要有“范儿” /

林茶居：李校长你好！我们又见面了。上次见，你还在洋泾中学做校长呢。后来听上海的朋友说，你到了上海师范大学，然后又听说，你到了崇明岛办学。

李海林：是啊，都过去六七年了。这次你来崇明岛，真是辛苦啦！

林茶居：尽管比较辗转，但感觉很好。我先坐地铁到上海科技馆站，再转申崇二线公交车到陈家镇，下车后这一路走到学校来，两边都是田野、庄稼，满眼夏日的勃勃生机，仿佛一下子回到了乡村。我一边走一边拍了很多照片，反正又不着急。

李海林：你来的这一路上的时间，我正好在面试。刚刚有五个人来应聘，有的应聘教师，有的应聘管理干部。

林茶居：招聘教师和管理团队成员的时候，你一般会问哪些问题？

李海林：其实就是聊天，在聊天的过程中了解他的视野、他的观念、他的性格，还有他的成长背景、经历。

我强调的是教师的国际视野，就是看他能不能在世界发展的框架内来看教育，来做教师。在观念上、理念上，他要有开放的品质；在性格上，他要善于与人合作，能在与别人的合作过程中彼此分享、共同提升；而在背景、经历方面，最好有海外教育经历，当然我还会看他在哪些学校待过。

还有一个非常重要的方面，就是看他的"范儿"，也就是他的气质、整体形象及人格魅力。这个东西对学生有非常大的影响力。

林茶居：如果要对这个"范儿"做进一步的考量，大致可以提炼出哪几个关键词？

李海林：自信，第一是自信；第二，开朗、阳光；第三，端正，形象要端正，有比较成熟的文化气质，这个成熟不是那种所谓的老成、稳重，当然也不是那种流行的时尚气——它跟年龄没有关系。

学校不是娱乐机构，也不是一般的公司。我校是一个教育机构，而且是一个国际教育机构，所以我说的这个"范儿"，还指一种"国际范儿"，俗话说就是要洋气。我最想要的是有国际教育背景或海外生活经历的人，不管他是以什么身份、什么方式到国外去，比方说留学、支教，或者做汉语教师，又或者做交流生。我特别看重这一点。

林茶居：有外籍教师吧？

李海林：现在我们已经有十几个外籍教师了，今后肯定会形成以外籍教师为核心的一支教师团队。现在主要面向全球招聘教师。

林茶居：上海本地的优秀教师呢？

李海林：我开始是想从上海的特级教师中高薪聘请的，后来发现不行。

上海市的特级教师，应该说都是很有智慧的、很优秀的，但我们必须追问：他们是怎么成为特级教师的？他们中的一些人是应试教育体系中的佼佼者，在那套体系里面是成功的，可到我所追求的这个体系里面来，却可能是不适应的。我也尝试招了几个，但发现其实不是我最需要的。后来我改变了思路，就是要建立一个以外教为核心的、以接受过海外教育的年轻教师为主体的这样一个教师队伍。

林茶居：这应该跟你们学校的办学定位有关。

李海林：是的，并非所有学校都应该这样。我想办一所不一样的学校，就是基于这个来定位教师团队的。他们在气质、观念、执行力等方面，跟学校的定位、追求、文化格局必须是匹配的。

林茶居：我问一个很实际的问题：你们学校实行的是年薪制，那么刚刚毕业的年轻教师，年薪大致是一个什么水平？

李海林：硕士毕业、有海外教育背景、达到规定的工作量的，税前年薪大概 20 万元。去年招的几个硕士，就是这个标准。如果他很有积极性，眼睛里面有事儿，手上能出活儿，很快就可以涨到 20 万元以上。我们正在建立一个教师工资增长机制。我的目标是，教师平均年薪要进入上海市前 10 名。

林茶居：这个年薪结构以及增长的空间，都是你自己可以把控的吗？集团给了你这个自主权吗？

李海林：对，集团只管工资总额，这个它要管的，不能失控，但到底总额多少，也是我跟集团协商的结果。只要你的理由足够充分，你的预算是多少集团就给你多少。我们是新的学校，规模还很小。以后规模大了，待遇还会上去的。

/“好学校都在岛上”/

林茶居：应该说，在国际学校的办学方面，上海目前在国内是较为发达的。你们学校走的也是国际教育的路子，你以何立足？

李海林：上海的国际学校据统计有 96 所，大致可分为三种：第一种，就是国外的教育机构或国际教育组织在上海办的学校，专门招收外国学生；第二种，就是大财团办的学校，它是一个投资项目，往往会引进国外的某所学校作为合作伙伴，校长往往是投资专家，具体事务由执行校长来操作；第三种，就是像我们这样的中外合作办学，但它是以中方为主，由中方本土的公司或投资者主导 —— 这样的学校，其校长又可分为三类，一类是公办学校的退休校长，一类是海外留学人员，一类是像我这样的所谓的专家，可谓各有所长、各有所短。

林茶居：在中外合作办学上，你们为什么选择美国的法拉古特中学作为合作学校？

李海林：我经常开玩笑说，好学校都在岛上。法拉古特学校就在一个岛上，三面环海。借着这个得天独厚的优势，它甚至把海水直接引到学校里面，成为学校文化的一部分。

这所学校全名叫“法拉古特舰队上将中学”（Admiral Farragut Academy），是一位海军上将于 1933 年创办的，原来是一所军队学校，后来脱离军队背景，成为一所私立中学。这所学校到底怎么样呢？别的不说，就说它培养了两个登月宇航员，这在当今世界就是独一无二的。除了一般高中开设的学术课程之外，它还有成熟的军事教育方面的课程和工程教育方面的课程，如航天科技、航空科技、海洋工程等。

我去过几次法拉古特中学，之所以选择它作为合作学校，就是因为它特殊的地理位置和独特的课程体系。

林茶居：好学校都在岛上？将学校和海岛联系起来，倒是挺新鲜的。但何以见得呢？我的家乡也是一个海岛……

李海林：上次我在一个校长论坛上发言，说了两句话，第一句话是，我们是上海的国际学校中空气最好的；第二句话是，我们有上海最原汁原味的美国课程。我们是上海的岛上国际学校，我开玩笑说可以简称为“上岛国际”。这当然不只是一个名称而已，它在内涵上也是成立的。

你是海岛人，那么你是不是也觉得岛上生活有三个特点？第一，自由。第二，为什么人们都喜欢到岛上去拍婚纱照？因为浪漫，有艺术感。第三，人只要一上岛心境就舒缓下来，心跳的节奏、生活的节奏都慢了下来。有一句话说得好，教育是优雅而缓慢的艺术。你看教育是不是这样？自由的教育，艺术的教育，慢的教育。或者说，自由、艺术、慢，正是教育的核心品质。

林茶居：我问一个比较私密的问题，你的家人也跟着你住在崇明岛上吗？

李海林：没有，我爱人和孩子都住在浦东。

林茶居：估计你现在周末才能回去一趟，是不是这样？

李海林：是这样的，对于家庭来说，长期这样肯定不行。忙过这段以后，还是每天都要回去的。

林茶居：来上海之前，你长期在湖南工作、生活，做中学教师，做教育局领导，后来到了浙江师范大学做教授。对于一个办学者来说，我觉得这样的经历可能是一种财富。

李海林：我有一个很强烈的感觉，就是在上海每一个星期做的事情相当于在以前工作地区一个月做的事情的总和。原来是先自己想一想一个星期，找人谈一谈一个星期，开会形成决议一个星期，落实一个星期。这样一个月就过去了。而在上海，自己想一想一天，讨论讨论一天，落实一到两天，最后反馈评价一天。这是一个星期。现在我在民办学校，一天干的事情是以前在公办学校一个星期干的事情。想到就得立马做出决定，然后马上去做。我跟我的管理团队说，理解我，要执行；不理解我，先执行再慢慢理解。

这和我过去的风格完全不一样，我过去一定是大家要达成共识，读书人嘛，要先研究研究，你们觉得不行，那么我就努力说服你们。

我刚才说岛上生活会让人慢下来，但我现在不能慢。我们是新的学校，不能等，也经不起等。

林茶居：节奏太快，思想上难免高度紧张，有时情绪也会烦躁。

李海林：你说得对。我不能长期这样，我感觉自己有点儿受不了了，有时甚至有点儿恍惚。你看我上一分钟还在跟哪个包工头谈哪个地方要怎么做，谈水泥、钢材、造型的选择，等等，突然下一分钟可能就要跟外方校长谈国际教育，过了一会儿又要转过身来跟老师们谈工资待遇，一会儿又要跟招生办主任谈今年的招生情况。这个频道转换太快了，而且所有事情都要你来做决策、你来拍板，当场就要拍板。

林茶居：这不仅仅是对思维的挑战，还是对身体的挑战了。

李海林：确实是对身体的挑战，我感觉体力已经到极限了。

林茶居：作息时间怎么安排？

李海林：一般早上五点就起床，晚上十一点左右就一定休息了。

林茶居：你原来做教授也是这个作息时间吗？

李海林：那不是的，做教授基本上可以想睡就睡，想起床就起床，完成工作就可以了。说实在话，我原来不知道办一所学校这么艰难、这么烦琐。

我向上海师范大学请辞的时候，学校领导跟我说，你没有必要辞职，学校可以跟上海新纪元教育集团合作创办这所学校，然后你以学校派遣的形式去做校长。我当时觉得这个思路挺好，后来回头一想，如果是这样的话，肯定搞不好。第一，我不可能义无反顾，如果遇到困难肯定会想着回头。第二，我作为一所民办学校的校长，一定要在社会层面发声，我不发声的话谁知道我们这所新办的学校？那么我带着师大教授的身份，恐怕是不能够随便说话的。所以后来一想，我如果还顶着师大教授的头衔，就有一种身份上的责任和约束，对自己、对师大都不好。

/ 第一个半年，我就像过了半辈子 /

林茶居：上海新纪元教育集团是通过猎头公司找到你的吗？

李海林：是的。刚开始我没有这个想法，因为我知道搞民办教育太难了。另外，在民办教育的体系中，无论你和老板关系好还是不好，投资方实力强还是不强，校长和投资方永远是存在矛盾的。

那么他们为什么打动我，或者说这个老板厉害的地方是什么？他就是跟我聊天。聊什么呢？聊他的梦想，聊他的发展，聊他的理念，那么他聊完了，我也要聊了，聊我的理想，我的教育梦。说着说着，我觉得，哎呀，如果这样来办，这所学校会好的呀！我也实事求是地跟他讲我的担心，我说我是一个教育研究者，我说我看了很多案例，教育和资本的矛盾永远存在。我问他："从资本方的角度，你是怎么看这个问题的？"如果他只是一般性地做保证，那我可能不相信他，保证有什么用啊！

他说："是这样的，就两条。第一条，我确实有我的诉求，但是我的诉求实现的前提一定是先办好这所学校，学校办好了才能够实现我的诉求。第二条呢，这一切都可以在合同中体现。"

第一句话说明他想得很透，第二句话意味着他的措施到位。这样我就放下心来了，因为到最后其实就是看合同。我们签的合同有 30

多页，我逐条拟定，他们逐条修改，再协商，最后定稿。

这个合同尽管有30多页，但只有涉及我的工资时才提到钱，再没有任何其他地方讲到钱。比如说盈利目标，现在别跟我讲。现在学校是亏，不是一般的亏，巨亏，我估计明年、后年还要亏。合同最具体的地方就在于对办学目标的描述，这个他们要求得很具体。集团在全国有十几所学校，规模最大的一所学校占地2000多亩，学生近万人。他们只想挣钱的话，其实是不需要再办这所学校的。

林茶居：那么他们为什么还要办这样一所国际学校？

李海林：这就是我感兴趣的地方。这个老板确实是很有追求的一个人。他觉得自己办教育已经20年了，应该上一个档次了。他所谓的上档次，就是要具备对话国际教育的品位。他说不能用自己的嘴巴去跟别人对话，而必须用一所实践国际教育的学校去对话，要有一个国际教育的范本、一个对话的窗口，这样才能把整个集团的档次提升上去，把话语权提升上去。那么这一定要有相对而言比较大的投入，这是一方面。另一方面，他们为什么要来找我？我想可能跟我有比较丰富的教育从业经历有关。

林茶居：我想他们应该是出于“专家办学”的考虑，况且你作为专家，还有教育局领导和中学校长的实践经历，这是很关键的。

李海林：应该是这样的。那么当我最终说“行，我来”的时候，我知道我今后的生活方式将全部改变。就在我答应下来的当晚，集团的一个副总打来电话，说：“李校长，我明天送你上任。”

我记得是2015年6月30日。这是我第一次上崇明岛。那一天大雨倾盆，当车子开上长江大桥时，我在心里对自己说：“让暴风雨来得更猛烈些吧！”我当时真是这么想的。

之前我也了解到，这所学校就是把之前一所停办多年的民办学校买下来推倒重建的。不过当我来到校门口的时候，还是傻眼了：学校一片泥泞，所有的工程都因大雨停滞了，可以说就是一个工地！进门的地方积了很深的水，都没办法走。几位保安在上面垒了几块石头，我就是这么进入学校的。当时学校只有四五位留守人员，都是后勤部门的。副总就当着他们的面宣布，这是你们的校长。

林茶居：感觉就像在拍电影哈。

李海林：你看，不到一年，学校就变成现在这个样子了。有时候跟别人说起这一年来的情况，我都想哭。这里面的点点滴滴，都是心血，都是艰难哪！有太多的事情要我去操作、操办、操心，很多领域甚至是我完全陌生的，比方说学校这块地，因为历史的原因权限不明，就需要找规划和国土资源管理局、住房和城乡建设管理委员会、镇政府、县政府，还有村民、村干部等，一个一个协调，一次一次办手续。

再比方说学校的电力系统、污水系统、雨水系统，我完全不懂。过去我做的无非教育、教学、管理、队伍建设、学校文化方面的工作，但现在很多事情都得重新学习。你要决策，你要签字，几百万几百万要砸下去，你凭什么签字呀？不懂行吗？

所以第一个半年，我就像过了半辈子。

林茶居：没有副校长吗？

李海林：其实，原来是有一位副校长的，只是我来的那一天他就辞职了。不是不想招一个副校长，是招不到。也有人做过一段时间后，我请他回去了。这个职位的人要能跟得上我的步伐才行。我没时间跟他讲解，这是第一。第二，他要从他的角度赶快落实，执行力要超强。我算是一个读书人，他比我还“读书人”怎么行？他必须敢于、勇于攻坚克难、冲锋陷阵才行，所以很难招。高薪，绝对高薪，都招不到。

林茶居：不能勉强上岗？

李海林：那不行的，不是钱的问题，而是会耽误事情。

林茶居：作为一所追求与国际教育理念全面对接的国际学校的校长，你不讳言你会“挑选家长”，那么你是怎么挑选家长的？

李海林：我之所以敢这么说，是因为我了解现在的上海家长。上海家长的教育需求这些年发生了很大的变化。过去成绩好、分数高就 OK 了，现在就大不一样了。我几年前做过调查：“你认为什么样的孩子今后最有出息？你认为学校应该把你的孩子培养成为什么样的人？”我采集了几千个样本，结论是：理念新、性格好、适应性强、全面发展。

为什么理念新会排在第一位？我做了分析。30 年前，上海人的生活水平基本上差不多，后来随着一部分人成为社会精英、行业精英，人们发现，这些人往往都是理念新、想法新、做法新的人。上海家长就是从切身的生活变化当中，发现理念新是一个决定性的因素。第二位是性格好。这是上海人的传统。他们一般不会跟人发生冲突，如果觉得利益受损，也不会选择吵闹，而会选择比较理性地维权。

这四点大体反映了现今上海家长的教育需求。这个需求至少传达了两个关键信息。其一，国际化。这个国际化不只是所谓的国际交往，不只是去国外参观参观，然后请几个外教来这么简单。国际化不是外国化，上海的家长已经超越了这个层次，他们所期待的国际化包含三个要点：一是国际理解素养的养成，二是国际人脉的构建，三是国际交往经验的积淀。这就是我所理解的上海家长所需要的国际化教育。

其二，焦虑。上海的家长也焦虑，但我明显感觉到，他们跟其他地区的家长的焦虑点有很大的不同，他们主要不是焦虑孩子的成绩，而是焦虑孩子的心灵健康。比起其他地区，上海的竞争更激烈，因为选择机会太多，同时“机会差异”更大。上海的家长当然也会担忧孩子成绩的好坏，但不会特别焦虑，因为上大学的机会多，就是上不了大学也会有其他出路。他们真正焦虑的是孩子的情绪、心理、思想，焦虑的是孩子的心灵健康——我所说的心灵健康，就是指心理是否正常，情绪是否平稳，在学校是否受到伤害，等等。

不管是公办学校还是民办学校，不管是本土学校还是国际学校，你的办学定位一定要对准这些，你的课程、教学、评价、管理、文化建设，都要满足这样的需求。这就是我之所以把德行、学问、体魄、礼仪、美学作为办学的五个价值坐标，作为为学生终生负责的五个价值坐标的现实依据。

林茶居：这些谈的都是理念上的东西，在实践策略上，你有什么考虑？

李海林：我这里有一个所谓学生成长三大系统的建构，第一是学习系统，第二是生活系统，第三是实践系统。

我们原来只搞一个系统——学习系统，而现在是三分天下。我给集团的承诺是：用十年的时间建立一个世界一流的国际课程体系。我为什么敢做出这样的承诺？第一，我在大学专门研究课程，后来到上海师范大学也研究过国际课程；第二，我认真做过一所学校的课程；第三，我到美国留过学，访过学，对他们的课程有所了解。我现在可以把民办教育的制度优势和自己的专业优势结合起来。我有这个信心，觉得自己也有这个责任。

林茶居：你说“好学校都在岛上”。我想这个“岛”除了是一个现实存在，也是一种象征。“岛”在象征的意义上，除了包含你刚才讲的自由、艺术、慢这些气质，还应该包含开放、容纳、纯粹等要素。我想你以后应该写一本书，就叫《岛上学校》。

李海林：这本书是一定要写的，或者就叫《好学校都在岛上》。

2016年5月

如果能不出来就不要出来

——民办学校校长的生存境遇与生存选择

从公办学校辞职出来当民办学校校长后，有许多过去的同事，或者并不认识，但从各种渠道知道我“毅然”辞去公办学校校长之职来做民办教育的同行，会不远万里来岛上探访。有人一聊就是大半天。聊来聊去，其实都是在聊一件事：民办学校值得我从公办学校辞职吗？

我知道，这些兄弟已经动心了。他们其实都是想从我这个“先走一步”的人身上寻找到他们也可以这样做的理由，或者，想了解一下，离开了公办学校，他们具体会遇到什么样的风险。

我对这些来访的兄弟们，最后都送了两句话。第一句话，如果能不出来就不要出来。第二句话，如果出来了，就不要再动摇，就不要再退缩，就要不顾一切往前走，“杀出一条血路来”。

以下就是我与其中一位访客的聊天记录，基本上都是实录。

/ 你没有退路，必须勇往直前 /

访客：你在公办学校不是做得挺好的吗？怎么来搞民办学校了？

李海林：被人家忽悠来的。

访客：得了吧！我还不知道你。谁能忽悠你呀！

李海林：一方面，没有人忽悠，我自己是肯定不会想到来搞民办学校的，肯定是有这么一个契机；另一方面，也确实想看看自己有什么能耐。当然，最重要的，是薪水不错。

访客：哎，你到底拿多少钱哪？能告诉我不？

李海林：不能告诉你。我跟公司签合同的时候，写明了不能泄密。

访客：为什么你的工资不能告诉别人？这个老板是怎么想的？

李海林：我也不知道，但人家肯定有人家的想法。我现在要有合同意识。过去做什么事情，我第一想到的是教育部门的规定、政策，还有教育局领导的讲话，现在我想到的第一件事就是合同上是怎么写的。

访客：合同上是怎么写的呀？

李海林：跟一般的合同没有什么不同啊！就是你的工作任务、工作目标、甲乙双方的责任与义务、你的工资标准，然后就是违约责任，最后就是签字。就这些。

访客：你的工作任务、工作目标是怎么规定的？

李海林：其实就一句话，你要把学校办好。但其实这个办好办不好具体怎么考核呢？实际上做不到具体考核。大致上能考核的指标，一是招生人数，一是学生的考试成绩。

访客：这都是硬指标哇。你能保证自己做得到？

李海林：保证不了。

访客：保证不了你也敢签？

李海林：你不是在公办学校吗？如果教育局要跟你签合同，要求你几年之内招到多少学生，学生要考到什么成绩，你敢签吗？

访客：这个我倒没有想过。现在想想，我想我也敢签。

李海林：为什么？

访客：我做不到又怎样？难道开除我不成？这些指标不是完全由我一个人就能决定得了的，这里有政策的因素，有政府投入的因素，等等，有些不是我这个校长能决定的。我没有做到，你就开除我，很难服人的。

李海林：是啊，很难服人的。公办学校是这样，那民办学校也是这样哪。

访客：你的意思是，你的老板不能开除你？

李海林：也不是。如果今天我的老板不信任我了，明天一大早他就可以开了我。这就是公办学校与民办学校的不同。公办学校开掉一个校长，是要走程序的。我在公办学校的时候，是有行政级别的，是正处级校长，要开了我理论上是要经过区委常委讨论的。但民办学校要开除校长其实就是老板一句话。

访客：那风险也太大了。

李海林：这要看你怎么看。第一，如果你只是把民办学校校长当作一个饭碗的话，你放下这个饭碗，只意味着你要换一个饭碗，并不意味你丢了饭碗。第二，如果你确实把这所学校办起来了，办好了，老板怎么可能砸你这个饭碗？关键是你能不能把学校办好。

访客：这个是关键。但你怎么就能确定一定可以把这所学校办好？刚才你不是说办好学校是需要很多外在条件的吗？

李海林：在公办学校遇到困难的时候，当我觉得自己已经尽力了的时候，我会努力一下，但如果努力一下仍然没有什么起色，我基本就放弃了。但是在民办学校，不到绝对死路一条的时候，我不会放弃。

访客：为什么？为什么有了这种动力？

李海林：身份变了，处境变了。我来到这所学校，老板把多少亿的资金交给我，我没有把学校办起来，让几个亿的钱打了水漂，于心何忍？这个我做不到。必须对投资方的投资负责。要做民办学校的校长，我觉得这是第一素质。如果没有这个意识，没有这个态度，就不要来搞民办学校。第二，我是民办学校的校长，我是职业校长，相当于企业里的职业经理人，我是有身价的，我的身价是由什么决定的？是由办学绩效决定的。简单说，如果你已经到民办学校来了，但你没能把学校办起来，你办砸了，你在业界就没有身价了。民办教育就这么大一个圈子，很多人相互认识，信息渠道就那么几个。哪个校长把人家投资方的几个亿、十几个亿砸在里面了，把学校办得乱七八糟，这消息一下子就能传开，这个校长基本上就完了，就没身价了。

访客：哦……这个蛮厉害的。

李海林：所以你的整个生活状态就会发生变化——你没有退路，必须勇往直前。来民办学校，你不要想别的，不要想有没有退路，不要想还有没有别的选择，你就一门心思来办学校。办民办学校，需要全身心的投入。其实民办学校的老板，关键看你是不是真心投入，如果真心投入，有些指标暂时达不到，我想他也会再等等。一般来说，民办学校的老板，这点儿胸怀还是有的。

访客：公办学校也需要全身心的投入才能办好，不是只民办学校才需要全身心投入的。

李海林：要办好一所公办学校当然也非常不容易，但就事务的量来说，公办学校只需要搞好课程、教学、师资就可以了，其他都由教育局替你办了。我随便估算，办学校，教育局替你办掉的事，超过一半以上。过去我觉得我当校长，有没有教育局都无所谓。现在到了民办学校才知道，教育局不是摆设，它替你这个校长办了许多事。你现在要来做民办学校的校长，不但要当校长，还要当局长，做原来教育局局长替你做了的事。

访客：想不出来那是些什么事。

李海林：比方说，办学校，房子手续要齐全吧？不齐全就会有很多麻烦。公办学校没有这样的事，那都是教育局的事。即使教育局没有办好这件事，也不影响你办学，因为政府相关部门都知道你办的是学校，会催你办手续，但不会直接封你的门。民办学校就不一定了。你们学校用电的事你操过心吗？

访客：这个也要你操心？

李海林：我不操心谁操心？

访客：这个公司不管？

李海林：公司也管，但归根结底还是要由你兜底。你们学校需要多大容量的变压器？怎样才能找供电部门申请到用电量？怎样才能拿到学校用电的优惠价？

访客：学校用电有优惠价？

李海林：还不是一点儿。像我们学校，如果没有优惠，每个月要多花七八万。

访客：哦，这对学校可不是小数目。

李海林：你们学校的污水都流到哪里去了？

访客：流到下水道去了呀。

李海林：学校的下水道分为雨水管道和污水管道。你们学校的污水只能流到污水管道去，如果流到雨水管道，那是要罚款的，严重的话，环保部门是要封你的门的。

访客：这有什么区别？

李海林：雨水管道的水直接排放到城市下水管道里了，污水管道的水要流到污水处理厂，经过处理后才能往外排放，而且那还是二次处理。实际上，你们学校的污水在往污水管道排放之前，已经在你们学校处理过一次了，叫一次处理。

访客：你现在连这些也都懂了？

李海林：多了去了。强电系统、弱电系统指的是什么，你懂吗？水泥标号、环保等级，你懂吗？食堂里如何防鼠？每天的饭菜要留样，留几天？上面是怎么规定的？你们学校的垃圾运到哪里去了？如何分类？没有分好类会如何？这些事你这个校长要操心吗？操心也可以，不操心也可以，让后勤主任做就是了。为什么你这么放心？因为没有做好也不要紧，坏不了学校的大事。但在民办学校，做得不好就有被封门的危险。学校每一天，甚至每一分钟都要解决运转的问题，很多人只看到了上课，而看不到为了保证老师能进得了教室、学生能进得了课堂，学校背后做的好多事。坦率地讲，在公办学校你是不用操心的，绝大部分事情都由教育局替你操心掉了。但是在民办学校，都是你的事，都要由你来操心。你不操心，就没有人操心了。所以我说，在民办学校要做的事比在公办学校多很多。作为校长，你生存的境遇一下子就变了。这是说工作压力。其实对于民办学校的校长来说，最大的挑战还不是工作压力。

访客：那是什么？

李海林：是工作的心态。你现在在公办学校，还感受不到这一点，一旦你离开了，在工作的第一天就会感受到。

访客：哦哦哦，说得这么吓人？

李海林：在公办学校，你面对任何事情时，其实背后都是有组织在支撑的。社会上其他人，都是默认你代表政府、代表一级组织。这是你做任何事情、面对任何人的一个大背景。从你自己来说，你其实是有底气的。虽然你不一定能够意识到这一点，但这一点确实存在。但是你到了民办学校，当你面对他人、面对社会时，有那么一刻你会突然意识到，这个事情其实是你一个人在面对，没有任何人能帮你。你其实是在以一己之力，承担整所学校大大小小的所有事情。如果你退了，这个事情不会有第二个人来操心，来承担哪怕一小部分的责任。那种孤军奋战的感觉，会让你陷入绝望。

访客：哎，你们不是有公司吗？听说还是一个集团公司。

李海林：是的，我们是一个集团公司，但这个公司与教育局不是一回事。有的时候，公司也是你要面对的一种压力。

访客：哦？这句话怎么说？

李海林：在面对社会压力的时候，教育局是与你站在同一个阵地上的战友。教育局有责任，也有这个能力来帮助你。但公司不同，公司找你来做校长，本来就是要你帮助公司解决它解决不了的问题。如果你这个校长一遇到问题，就等公司来解决，老是有不能解决的问题，从理论上来说，公司找你这个校长的意义就没有了，为你花的钱就白花了。你明白了这一点，也就不好意思什么事都向公司汇报，等着公司来解决这些问题了。

访客：你这样说，我似乎有点儿明白了。什么事都要你来解决，这还是蛮可怕的。

李海林：所以我要对你说，如果现在还过得去，那么能不出来就不要出来，就待在原来的学校好好办学。这是一个过来人对你的忠告。

/ 什么是民办教育发展的当务之急 /

访客：那你为什么出来了？而且还干得这么欢？

李海林：我出来的时候，并不知道我刚才讲的这些情况。

访客：那如果当初你知道了这些情况，还会出来吗？

李海林：哈哈哈，这个问题有点儿尖锐。我想想。

访客：你劝我们不要出来，自己跑得比谁都快，所以我们对你的忠告表示怀疑。

李海林：我想，我恐怕还是会出来。

访客：这是实话。那是为什么呢？

李海林：我在2016年的时候写过一篇文章，说起过这件事。文章题目叫《我想干什么》。那篇文章并不是说大话，而是表达我内心的真实想法，或者说，最主要的想法。我就是想做自己想做的事，具体说，就是按自己的意愿办一所学校。我当时是有犹豫的，犹豫的不是在公办学校还是在民办学校，而是我到底能不能按自己的意愿来办这所学校。如果能按照自己的意愿来办这所学校，有再大的压力、再麻烦的事情，我都认了；如果不能按照自己的意愿来办这所学校，我估计就会崩溃，就会受不了这些压力，搞不了这么麻烦的事。

访客：那你觉得在什么情况下才能保证可以按照你自己的意愿来办这所学校呢？

李海林：这其实是一个制度的问题。很多校长认为这是一个找什么样的老板的问题。当然这个问题也非常重要，但再好的老板也不如制度。现在的问题是，对于民办学校的治理、管理体制，研究的人不多，即使有许多问题，业内人也都讳莫如深。我开始的时候觉得很奇怪：我在实践中感受这么深的事情，为什么都没有人说？是不是这是一个非常肤浅的问题？但后来才发觉，这不是一个肤浅的问题，而是一个必须上升到民办学校治理体系层面的问题。我觉得不但每一个校长要考虑，每一个投资者要考虑，而且国家层面、政府层面也要考虑。建立一个既符合投资需要，又符合教育规律的民办学校内部治理体系，我认为这是民办教育发展的当务之急。

访客：那你的意思是，在这个你理想中的治理结构尚未形成的时候，我们就不要出来？这就是你所说的能不出来就不出来的意思？

李海林：差不多就是这个意思。现在关于民办学校，国家层面出台了新的促进法。这个促进法是处理民办学校与政府关系的，但没有涉及民办学校内部关系的处理。在民办学校的内部关系中，我觉得最重要的是民办学校的管理者与投资者的关系，核心有两个问题要解决。一是管理者必须对投资者负责。任何民办学校的管理者如果没有这种对投资者负责的清醒认识，就失去了在民办学校立足的根本。社会应该理解民办学校管理者的这个角色认知，必须承认民办学校的管理者对投资者负责是正当的。我曾看到过一篇文章，强调民办学校管理者首先是一个教育人，要对社会负责，对教育事业负责。我觉得这都没有错，但首先要对投资者负责。二是投资者要对管理者充分赋权。照我看来，民办学校的管理者和投资者，围绕共同的目标（这个目标就是把学校办好，让学生喜欢、家长认可、政府接受），分工合作，各负其责。如果说民办学校管理者对投资者要有责任意识，那么，民办学校投资者对管理者要有界限意识；如果说管理者最重要的素质是对学校负责，那么投资者最重要的素质就是不越界。

访客：目前似乎还没有看到过这方面的规定。有这样的成功案例吗？

李海林：正式的规定肯定没有。政府目前还不是非常重视这个问题，所以暂时不会抽出精力来定这方面的条款。现在就是搞民办教育的人自己在摸索。成功的案例肯定是有的，但大家似乎也没有从民办学校内部治理这样的角度来总结和表达。我感觉大家都是在黑暗中摸索。

访客：这就是你劝大家能不出来就不出来的理由。

李海林：是的。我的意思是，清晰界定民办教育管理者（也就是我们校长）的权利，这样的条件尚不具备，这样的社会环境、社会氛围尚未形成。可这个问题又是如此重要，我甚至觉得这是我们的命脉。这个问题解决得不好，民办学校校长的日子就会很难过。而这么重要的一个问题，都要靠校长个人的力量来处理好，我觉得太难了。我们来看看企业。企业的治理结构其实和民办学校的治理结构差不多。投资人和职业经理人之间的关系，在公司法里有清晰的界定，早已成为圈内的共识和规则。只要有足够的见识和本领，都按照已经非常清晰的规则来行事，相对就非常轻松，至少不必在这方面牵扯太多的精力。但民办教育现在还没有形成这种现代企业制度，实事求是地说，民办教育的投资人和校长的关系，既不是企业里投资人与职业经理人的关系，也不是合伙人的关系。在我们这个圈子里，大家默认，民办学校的校长就是投资人的下属，投资人是雇佣者，校长就是员工。我认为这就是现实。而这种现实完全不适应民办教育发展的需要，也完全不符合民办教育固有的规律。在这样的背景下，民办学校的校长们要想生存下来，尤其是在坚守教育信念的前提下生存下来，要付出比在公办学校大得多的代价。所以说，兄弟们，能不出来就不要出来。

访客：嗯，我觉得你说得比较清晰了。

李海林：当然喽。能否不出来呢？这就因人而异了。有的时候是不能不出来，那就没有什么话说，出来吧。不过在出来之前，要了解你要面对的挑战，要知道这样做意味着什么。这是我可以告诉你的。我已经有体会了嘛。

访客：那你是怎么解决这个问题的？

李海林：在目前的社会背景下，我个人怎么可能解决这个问题？但我觉得还有一个环节是我们可以把握的，那就是合同。现在民办学校聘用校长，都是一事一议，一人一议，并没有一个固定的规章制度。这一点，还是为我们民办学校校长提供了一个口子。我们可以与学校投资方有一个相对比较长时间的相互了解和谈判过程，然后在校长聘用合同中明确双方的权利与义务。这个环节做得时间越长，工作做得越细，今后遇到大问题的可能性就越小。虽然困难肯定也是有的，一方面校长不知道如何保护自己的利益，不知道应该争取哪些权利，另一方面，在执行过程中，还会出现许多具体状况，需要逐一争取和解决。但有了一个相对比较明确的合同，这些问题最终都是可以通过执行合同解决的。我觉得我目前的情况是好的，主要原因，一是确实遇到了一个不错的投资人，二是合同在起着保护作用。我在办学过程中遇到任何事情，心里清楚自己是有底线的，这个底线就是合同。这个合同是具有法律效力的，我和公司都要遵守。

访客：你有这个经验了。如果有一天我真的也要到民办学校来，请你指导我跟老板签合同。

李海林：可以呀。免费服务。

/ 不适应这种变化，会患“组织缺失症” /

访客：那再说说“如果出来了，就不要再动摇，就不要再退缩，就要不顾一切往前走，杀出一条血路来”这句话吧？我对这句话也感兴趣。第一是那种决绝的态度，第二是“杀出一条血路来”。当个民办学校校长而已，有这么残酷吗？

李海林：哈哈哈。倒还真不是说说而已。当民办学校校长，要有将自己置之死地而后生的勇气。当然，实际上不会有将你置于死地的情况，毕竟就是办学而已，又不是打仗。但从我个人的心态来说，当民办学校校长与当公办学校校长是完全不同的。

访客：你反复提到了心态问题，我倒蛮感兴趣的。你现在的心态不好吗？

李海林：恐怕不能用好不好来形容，应该说是很不一样。但这种不一样，有些人很适应，有了解放的感觉，那就是好的；有些人不适应，患了一种我所谓的“组织缺失症”，那对他来说就是不好的。反正因人而异。

访客：什么叫“组织缺失症”？

李海林：公办学校的校长生存在一个确定的境遇里，属于一个组织，这个组织有相对明确、稳定的规则。如果你熟知这个规则，能有效地掌控自己的言行，就能在一个确定的轨道里行走，对自己的明天就会有一个充满自信的预测。你知道能走到哪里去，知道应该怎么走。总之，一切都是确定的、明确的、可预测的。难得的是，这个组织的价值准则与你的职业所赋予你的价值准则是一致的，或者说不一致的风险非常小。你不需要调节自己的价值观，只需要运用自己的知识、技能和经验，去努力实现自己的价值追求，就会得到组织的认可、赞扬和奖赏。总之，你在与自己人打交道，你们是一伙的。

民办学校的校长生存在一个不确定的境遇里，很难说你属于一个组织。组织是一个框架，有一套规则，这个框架、这套规则是写在文件里，反复被组织内的所有人声明、强调的，就像有人在地图上给你画出轨道，并且站在地图上的岔路口实时指挥、调控，提醒你遵守这些规则一样。民办学校也许是有规则的，也许也会有一个框架，但这个框架和规则，是需要你在具体的工作中去摸索、去领悟才能得到的，是典型的摸着石头过河。你会心生一种在黑暗中摸索的紧张和不知所措，等你真有所悟，也许就会感觉不舒服，因为其中有一些可能会明显违背你的信念，你这几十年形成的一些观念和准则可能被漠视、被践踏、被不屑一顾。总之，你既不在确定性中，也不在同路者中，你失去了安全感，难免会产生失群的孤单和迷茫。

说到底，在公办学校，组织在拉你，推你，挽留你。你努力，你的人生就会进入第一梯队，就会有美好的前程，但如果你不想进入第一梯队，或者没能挤进第一梯队，你还在安全范围内，你在第二梯队其实也不错，组织默认你甘居第二梯队的权利。

在民办学校，组织也是存在的，它在看着你，对你充满期待，甚至也可以等你赶上来。但你必须明白，你的价值只在一种情况下才能被接受 —— 你必须进入第一梯队。如果进入第二梯队，你其实是可以被取代的。可能现在你还没有被取代，但在人们的心里你已经被取代了，你已让人深感失望了。这种担心让他人失望的心态，会让你失去欢乐和幸福。

在公办学校，你走在路上，终究是轻松的；在民办学校，你走在路上，终究是沉重的。

这就是所谓民办学校校长的生存境遇和他们当下心态的真实写照。

访客：哈哈哈，哈哈哈，这一段描述真是精彩，但怎么这么伤感？这是你个人的真实写照吗？

李海林：不完全是。我这个人有一个习惯，我沉入某种情境或群体中，差不多了解清楚其中的一些套路后，我喜欢暂时脱离具体情境，默默地观察我周边的其他人、其他事，看看能不能看透其中的一些奥秘、一些背后的东西，或者实际上起着重要作用，但大部分人尚未意识到的一些东西。这个习惯让我一生的大部分时候能够保持清醒。所以说，我这一段长篇大论，不完全是我个人的真实写照，还是我对民办学校校长这个群体的一种素描。当然，其中个人化的东西多了些，肯定有圈内人也不接受。总之只是我个人的一种感受吧。

访客：但不管怎样，我都喜欢你这一段话。我倒觉得蛮有挑战的。这不是对工作的挑战，而是对我个人的一种挑战。有这样一种体验，我觉得人生也许会变得更为丰富。

李海林：看来你这个人适合来搞民办教育。在从公办教育到民办教育的过程中，我确实遇到了许多对我固有的一些人生观念、教育观念的挑战。这些挑战有的时候不断逼近我的底线，迫使我思考一些人生意义的问题。一般来说，我们在面对从公办学校来到民办学校这个重大转变的时候，大都人到中年，我们的人生本身也在面临许多转变和挑战。所以往往是人生的转变和挑战，与工作事业的转变和挑战，同时推到你的面前。就我所看到的一些案例，有人成功了，也有人失败了。

/ 是骡子是马，拉出来遛遛 /

访客：什么样的人成功了？什么样的人失败了？

李海林：有意思的是，我发现，成功与失败其实与校长个人的经历和能力并没有多大关系，而与他们的性格有莫大关系。那些成功了的人在面对困难时，往往能够奋勇向前，直面挑战，焕发出未曾有过的活力。有的人甚至像换了一个人。那些失败了的人往往经历过这么几个阶段：第一个阶段——惊诧，还能这样？第二个阶段——愤怒，怎么能这样？第三个阶段——无奈，只能这样！第四个阶段——抱怨，既然这样，那就不怪我这样！失败的民办学校校长有一个特点，就是不断换学校，换老板。一般在第二个阶段他们还会抗争一下，但到了第三个阶段，多数人会下决心走人。他们往往抱着“此处不留爷，自有留爷处”的悲壮而走，却很快发现，天下乌鸦一般黑，哪儿都不留爷。一般到了第四个阶段，也懒得走了，就只能混。

访客：你蛮会描述的。那你能再详细描述一下成功的人吗？

李海林：凡是从公办学校出来的人，不管失败还是成功，都会经历第一个阶段，就是莫名惊诧。办教育，办学校，还能这样？失败的人会很快陷入愤怒，成功的人却能很快冷静下来，尝试理解这一拨人到底在干什么，到底为什么这么干，最后能干到哪里去。他们很快就会发现，人家这么做是有缘由的，是有背后动机的，在很多情况下，是由客观现实决定的，是不得不如此的。慢慢地，他们开始接受这些人的一些观点、做法，并跟着做。这就是务实的人。第三个阶段，这些从公办学校来的人的经验和思维力开始起作用了。他们很快就会找到应对目前民办学校一系列困境的更好的路径。这看上去是对目前民办教育的一些做法、惯例的否定，但这种否定是在接受了民办教育的一些基本价值观后在操作层面的否定，不是一种情绪活动，而是一种智力活动，它的实质是找到实现民办教育价值更好途径的理性活动。在这方面，从公办教育体系里出来的人，无论从研究的水平、思维的深刻性、考虑的周全度，还是从理论的自洽和逻辑性而言，都具有天然的优势。像你这样水平的人来到我们民办教育圈子，如能走过第二个阶段，肯定成为风云人物，你的聪明才智一定能得到极大的发挥。我们这个圈子凭本事吃饭，所谓“是骡子是马，拉出来遛遛”。

访客：你这样说我好像很有信心了。我想听听第四个阶段。

李海林：不急。第四个阶段，是干。我发现公办学校的校长多是先说后干。说得好，得到大家的肯定，于是很兴奋，开始干。而民办学校的校长是有想法了，先不说。为什么不说？很多情况下说不清楚，或者说不出来。所以有一点儿想法先干起来再说。比方说，温州有一所民办学校，校长喜欢各种好玩儿的东西，风筝啊、贝壳呀、蝴蝶呀，于是在学校里建了好大的房子，搞博物馆。如果先说出来，说我们学校要办风筝博物馆、贝壳博物馆、蝴蝶博物馆，这就是我的办学特色，估计没有几个人会说这个好，这个靠谱。但是人家校长不说，先做，结果做出了特色，帮学校赢得了巨大声誉，带动了学校全面发展。这就是民办学校校长的真功夫。当然也有做了没成功的，但只有做才有可能成功，这一点在我们民办教育圈子里，是大家公认的规则。民办教育者对很多虚的东西有免疫力，因为他们最后都要经受学生和家长的检验，于是他们天生地靠近学生和家长，这一点从根本上决定了他们不会出大错。不管三七二十一，先做了再说。做好了，皆大欢喜；没有做好，想另一个法子再做。这就是我所说的杀出一条血路来的意思。

访客：终于看你绕回来了。

李海林：我们来分析一下，民办学校的校长为什么会有这个特点。是他们天生就喜欢干活吗？不是的。原因只有一个 —— 他们没有退路，除了先干了再说，他们别无选择。

访客：难道公办学校不是先干了再说？难道公办学校的校长可以只说不干？这一点我不同意。

李海林：你先别生气。任何学校都是干出来的。没有哪一所学校是说出来的。但是，第一，刚才说过了，公办学校可以先干后说，也可以先说后干，但民办学校不行。民办学校说出来没有人听，也没有人来关注，更没有人来跟你讨论，来评价你，都没有。你总不能自说自话吧？公办教育体系不一样，它有一套"说的体系"。第二，公办学校即使只说不干，其内容也并非毫无价值，它的价值也会得到认可甚至赞赏。比如，我过去在公办学校也做过一些事，但很多时候我更愿意针对现实问题做很多思考，然后把我的思考整理出来，也得到了很多朋友的肯定。第三，更重要的是，在公办学校里做事，其实不是校长一个人在干，而是整个体系在干。教育局其实有很多部门在对接你的学校，在直接指挥学校的各个部门干他们应该干的事。学校内部也有很多部门，它们也一一对接着教育局的各个业务科室，具体落实教育局的有关指令。换句话说，在公办学校，你这个校长不干，学校里的其他部门、其他人不一定都不干，只是干得不那么顺畅、不那么圆满，但维持学校运转是没有问题的。在民办学校里，上面没有教育局来帮你指挥学校其他人员干活。你的老板也好，教育局也好，都必须通过指挥你来指挥你的学校，所以如果你不干，就没有人干，其他人也不知道干什么、怎么干。你一个人趴下，你们学校人员就要全体卧倒。公办学校的校长离校半年，没有大问题；民办学校的校长离校三个月，学校就会瘫痪。原因就在这里。总之，如果你是民办学校的校长，认命吧，快干活！

访客：干活我不怕，干活是我的长项。

李海林：你不远千里来我这里，我还是要拿出点儿真经给你。哈哈哈。这个真经就是我最后要跟你说的一点。

访客：我洗耳恭听。

李海林：从公办学校来民办学校容易，从民办学校回公办学校，不可能了。你懂吧？

访客：这个我懂。

李海林：你懂的，我就不多说了。总之，你要么不出来，如果出来了，就死心塌地，既然回不去了，在你的前面即使是一条荆棘之路，你也无法退缩。所以我说，如果出来了，就不要再动摇，就不要再退缩，就要不顾一切往前走，杀出一条血路来。

访客：听来听去，其实关键是勇气。如果我有这种不顾一切的勇气，我想我就可以出来了。

李海林：有了这种不顾一切的勇气，其实什么样的困难都可以克服。人生有的时候其实什么都不缺，缺的就是这份勇气，以及勇气之后的行动。

访客：哈哈，你这是劝我出来的意思呀。

李海林：是啊，因为你这样的人才加入我们民办教育，可以壮大我们的力量啊。但你出来之前，要先知晓你将会面对什么。知道了，其实也就有了勇气。

2017 年 2 月

你想要什么

——谈民办学校投资方与管理方的关系

一天，一个朋友介绍了一个房地产公司的董事长来找我。我知道这家房地产公司在当地做得非常好，我想不明白这样一家房地产公司的老板找我有啥事，倒是挺好奇的。见面后，聊了一会儿，终于明白了，原来这位老板现在也在办学校。他请了当地一位名校长来主持学校的工作，在与这位校长的合作中，出现了许多问题，老板来跟我聊，想从我这儿弄明白是怎么回事。说得直接点儿，是想从我这儿来讨点儿对付这个校长的招儿。以下是谈话实录。

/ 办学校，不能有两个头头 /

访客：是这么回事。我呢最近投了差不多 10 个亿，建了一所学校，学校建得还不错。你知道，建房子我在行，但办学校我没有套路，所以请了张建（化名）校长。张建校长你知道吗？

李海林：听说过。不认识。

访客：张建校长在我们那儿是蛮有名的。我也是经朋友介绍认识他的。我知道自己不懂办学校，所以非常尊重张校长。但现在的问题是，我们跟他真的是蛮难沟通的，非常苦恼。

李海林：你当老板，苦恼什么？

访客：比方说，我们也不是说怕花钱，但至少要知道这个钱花得值不值吧？所以我们都会问问这个钱是干什么用的，要怎么用，也就是问问。要用这么多钱，不能不问哪。他就很恼火，开始还解释一下，现在都不解释了，动不动就说那就算了，我走好了。这怎么合作呢？

李海林：哦。你刚才说"问这个钱是干什么用的"，是谁问哪？

访客：我们公司往学校派了个副校长，分管后勤。就是他问一问，我们都不敢问。

李海林：哦。副校长问校长，你这个钱是干什么用的？

访客：也就是问问，了解一下情况。

李海林：这个恐怕有问题。比方说，我现在是校长，我给副校长下达我的指示，要副校长去办事。副校长如果没有听清楚，可以问我，但如果是问我这个钱用得值不值，要干什么用，那我肯定不高兴。如果一直这样，那我就会考虑把这个副校长免了。

访客：这是为什么呢？连这个也不能问哪？

李海林：校长、副校长，谁是上级？谁是下级？谁对谁负责？如果校长的每一个决策副校长都要审查一下，那这个校长怎么做决策？校长的决策怎么执行？

访客：也不是审查，就是了解一下情况。

李海林：你了解了情况，然后呢？同意还是不同意？

访客：其实我们也不敢不同意，也不知道该不该花这笔钱，就是想了解情况。

李海林：哈哈哈，就是不放心是吧？

访客：就是这个意思，毕竟我们投进去了这么多钱哪。有些事情我们看得懂，比方说，校长要把食堂建得好一点儿，想在这里投点儿钱我们当然能理解，也是非常支持的。但有的时候，校长一定要什么样的灯，不用这个灯还不行，我们就看不懂；一定要用这么多教室，但是我们办不了这么多班哪，我们也看不懂。看不懂就问，问了也得不到回答。多问了几回，他就撂一句硬话 —— 能合作就合作，不能合作就撤。事情就是这个样子，蛮烦的。

李海林：这里有一个问题。刚才你提到派一个人去学校当副校长。副校长，顾名思义就是校长的副手，是校长的下级，但你这个副校长实际上是去监督校长的，甚至是去审查校长的 ——

访客：也不是去审查校长的，只是去帮校长做一些后勤方面的事，张校长他也不愿意去做这些事……

李海林：是的，主要是去帮校长的，但确实有监督的意思，也实际上做了监督的事情。如果我是校长，我会面临两个问题。第一个问题是，感情上难以接受。我明明是校长，实际上却要事事受副校长的掣肘，甚至监督，这置我于何地？第二个问题是，谁对董事长负责？是我。但当我明白这个副校长有监督之职的时候，我做决策时就会不自觉地考虑这个副校长的想法，在许多时候就会不自觉地迁就他的想法。那到底是我在办学还是他在办学？是按我的水平在办学还是按他的水平在办学？整个学校的决策、执行，就不顺了，就乱了。你看，你要求校长对你负责是吧？但其实他还要考虑另一个人的意见才能决策，而这个人却并不对这所学校负责。你看这不是搞复杂了吗？更重要的是，我猜你这个副校长其实不是搞教育出身的，是吧？

访客：不是搞教育的。

李海林：如果是这样的话，那校长即使愿意跟你这位副校长说自己的想法，你的这位副校长也不见得听得懂。这不是鸡同鸭讲吗？你刚才说你蛮烦的，我听下来，觉得这个校长才是真的烦。

访客：这倒也是哦。

李海林：校长是一个高度依赖经验的职业，而经验这个东西有个特点，就是说不清楚。所以现在许多学校的校长做到一定的程度，主要是凭感觉在办学。感觉的东西，也许他自己都还不是很清楚，你却要他向你解释，向你说清楚，其实是不可能的。校长最宝贵的，不是那些白纸黑字的条文，处理那些条文，不用你花这么多钱来请他，你找个秘书就可以了。校长最宝贵的，也是最值得你花钱的，是他的感觉。但现在你要他说清楚他的感觉，甚至要他论证他的感觉对不对，这才是牛头不对马嘴。要是我，我也会扭头就走。这个校长太累了，没法当下去了。

访客：你说得也有道理哦，但你的意思就是说我不管了，随他怎么做？

李海林：你是投资方，怎么能把钱投下去就不管了呢？而且，缺乏了监管，今天不出事，但保不了后天不出事，大后天不出事。不是有人说吗？一个好的制度可以让坏人变好，一个坏的制度可以让好人变坏。我们要建立一个好的制度，依靠这个制度来保证投资方的利益和管理方的利益。

访客：其实，我办这所学校，也不是说要从中获什么利，我就是想把它办好。办好了这所学校，我会觉得很有成就感，会很光荣。另外，我的楼盘也会升值，就是这个出发点。

李海林：对。正是在这点上，你和校长有了高度一致的地方：你们都想把学校办好。这所学校没有办好，最终受损害的当然是投资方，但直接受到损害的是校长。如果说投资方是靠投资吃饭的，那校长就是靠声誉吃饭的。一所学校没有办好，这所学校的校长基本上在这个行当里就没戏了，他当校长的声誉就没有了。所以，从这个意义上来说，你担心什么呢？你还担心他不认真？不负责？办好这所学校，不但是你的事，也是他的事，他会认真负责地办好这所学校。那你还担心什么？

访客：这个我是相信他的。

李海林：你是相信他会负责，还是相信他有能力办好这所学校？

访客：都相信。

李海林：所以我说，你投资办学校，要想清楚你到底想要什么。你是想要管这所学校，还是想要办这所学校所带来的某个结果？

访客：我哪里能管得了这所学校，当然是要结果。

李海林：是的，你现在请校长，其实就是因为你管不了学校，这就说明，你觉得这个校长在管理学校方面肯定比你管得好。是这样吧？但是你又不放心，怕他管不好，还要监督一下。如果你感觉到校长的某些做法不妥，你就要干涉，就要动用老板的权力和权威加以纠正，是这个目的吗？

访客：……

李海林：你前面承认在办学校方面，你不如校长，这里你又想纠正校长。这两句话连起来说，就是用不如校长的人的想法来纠正校长的想法。这是不是矛盾，是不是不合适？

访客：我知道你的意思，但是……

李海林：但还是不放心？不放心是对的。任何人都要接受监督。但怎么监督？要靠制度。不能像你这样，通过安插一个副校长来监督。

/ 依靠制度，保证投资方和管理方的利益 /

访客：那搞一个什么制度呢？这个制度怎么规定？我真的不清楚这里面的套路。

李海林：办学校，要建立一个董事会。投资方、管理方、社会贤达、当地教育行政主管部门代表、教育专家、家长，七到九个人，成立一个董事会。学校实行董事会领导下的校长负责制。把董事会和校长的权利和义务都明确加以规定，你就不会这么烦，烦得大老远跑到我这里来想招了。

访客：哦。

李海林：你是投资方，当然是董事长。你主持董事会的工作。董事会的权利有七个。第一，拟定学校章程。第二，聘任或解聘校长。第三，制定校长考评方案。第四，审定学校发展规划。第五，评价学校发展。第六，审定和审计学校年度预算。第七，审定学校人员编制和薪酬标准。这七项要牢牢抓在自己的手里。你仔细看这七项，会发现都是制度性的管理，没有一项是日常管理。要么是在学校管理之前的管理，比方拟定学校章程；要么是在学校管理之后的管理，比方评价学校发展。日常管理本身你不要介入。这就是说，平时对学校具体的一人一事，你不要管。

访客：等等，我记一下。

李海林：不用记的，等一会儿我会把我们的谈话记录整理给你。

访客：谢谢。

李海林：我也可以趁这个机会，把自己的一些思考整理一下。校长有什么权利呢？也是七项。哈哈，七项对七项，很公平。第一，制定学校发展规划。校长主持制定，然后交给董事会审定。第二，按董事会审定的方案，自主决定招聘教师和其他工作人员。但可以规定，学校财务总监由董事会派遣，学校副校长需要向董事会备案。第三，在董事会审定的预算范围内，自主决定教职员工的薪酬。第四，根据董事会审定的学校发展规划和预算，具体决定学校的基本建设项目和设施设备采购。第五，主持制定学校各项规章制度并向董事会备案。第六，根据学校规章制度审批学校运转经费的立项和使用。第七，全面主持学校教育教学工作。这七个方面的权利，你在任何情况下都不要干涉，都不要去碰。你要确立这七项权利对校长来说神圣不可侵犯的意识！你做老板的，要有界限意识。对于什么是我的边界之内的事，什么是校长边界之内的事，要有清楚的概念。这一点对你来说有挑战哦。

访客：其他方面我实际上也没有管过，就是这个第四点 —— 学校基本建设项目和设施设备采购，用的钱比较多，我管的会比较多。

李海林：是的。这个方面，动不动就是几百万上千万。还不仅仅因为资金额度比较大，还因为这也不是校长擅长的，所以说这一块确实是有风险的。我这里说的是“决定”，但没有说“组织实施”。“决定”是指“规划和要求”，“组织实施”是指“设计和执行”。董事会可以规定，将“规划和要求”与“设计和执行”分开。校长提出规划和要求，然后由董事会推荐一个项目经理，这个项目经理对校长负责，按照校长提出的规划和要求，具体设计与执行。这样一个方式，既没有侵犯校长的决定权，又可以有效地避免校长的失误。在行政程序上，这个项目经理是校长的下级，但在工程设计和执行上，同时又是校长的参谋和顾问。就我所看到的范围内，校长都是可以接受的，甚至是欢迎这个方式的。校长有想法，但又不知道具体如何操作，正好让这个项目经理来完成。这个项目经理可以起到两个作用，一是执行校长的指令，二是规避校长的失误。而且这个项目经理是项目式人员，在完成学校基本建设和设施设备配套后就离开学校，所以不会对学校的治理结构造成什么校长不喜欢的影响。

访客：如果是这样的话，我还有什么不放心的呢？

李海林：我还要说一下这个财务总监。财务总监的职能有三个，一是保证学校办学经费的落实，二是向校长通报学校财务状况，三是按照会计法监督学校财务流程。对这个财务总监的权利要加以限制，否则他就会成为类似你现在那个副校长的人，又会把学校搞乱。根据我的经验，这个财务总监既对董事会负责，又对校长负责。从职务上来看，必须明确他是校长的下属。所以，他的职责范围只能是财务，而不能由财务延伸到办学决策。他要审查每一笔钱的报销和支付流程是不是合法合规，但他对该不该用这笔钱，则不能有半点儿干预，否则他就成为制约校长的财神爷了，就变成会计办学了。

访客：这个方面我那里没有什么问题。会计就是会计，不会干涉校长。

李海林：这些事情也就是校长的权利与义务，你与校长签订合同的时候，都要明确写进去的。

访客：我们有一个合同，但是没有这么具体，这么系统。

李海林：你向学校派一个副校长的办法，是最糟糕的，哪一条都说不过去，我建议你立即撤回。你想啊，这个副校长即使觉得校长做得不对，也不可能改变校长的决定。更何况他认为不对的就真的不对吗？所以说他只起到一个作用，就是让你觉得放心一点儿。这个作用，完全可以通过制度来实现，而不必派这么一个位置不明不白、不尴不尬的人。

访客：好的。

李海林：你真的放心把他撤回？

访客：这没有什么不放心的。

李海林：我要是你，我就不放心。所以还应该有另一个制度。我们可以称为“校监制”，即董事会向学校派驻一个校监。

访客：校监？这个名称蛮有意思。

李海林：其实校监这个职位早就有。我看到国外就有，我们国家在民国时期也有。这个校监是干什么的呢？第一，他有权参加学校所有的会议（学校所有的会议都要通知他）。第二，他有权查阅学校所有的正式文档，当然文档在制作过程中，或者不是正式的文档，不要查。第三，他有权找学校所有的人谈话。第四，他有权向董事会定期或不定期汇报学校的情况。但是，必须明文规定，校监没有以下权利。第一，没有表态权（他不应该有态度，他要有态度他就是第二校长了，性质就全变了）。第二，没有签字权（校长签字前的东西也不需要他看，他要看的是校长签字后的东西）。第三，没有发言权（他不需要在学校任何场合做关于工作的正式讲话）。第四，没有否定权（他不得干涉学校的决定和活动）。第五，没有执行权（他也不能做校长让他做的事，或者任何属于学校执行层面的事）。第六，他不接受学校的任何福利待遇。简单地说，就是只带了眼睛和耳朵，没有带嘴巴和手。而且要特别规定，他只对自己向董事会汇报的事情的真实性负责，而不对学校的工作负责，学校工作做得好不好，他都不负责任。不要小看这个人，不要以为他什么都没有做。没有这么一个人，学校的许多事情可能就不一样了。他不是校长的上级，不是校长的同级，也不是校长的下级。他是谁？他就是校监。他的任务就是真正的监督。校监校监，就是学校监督。

访客：他需要住在学校吗？

李海林：应该是“驻”在学校，“驻扎”的“驻”。是不是需要天天住在学校，那倒不一定，可以根据工作需要来决定，但必须规定每月有一定的在校工作时间。例如每周三天。根据你们那里具体情况，也可以是兼职，不一定是专职。如果你有好几所学校，也可以共用一个校监。还有，这个人最好是搞教育出身的。

访客：哦，这里面名堂还蛮多。

李海林：是的，这里面有学问。你知道为什么限定了校监的这么多权利吗？

访客：为什么？

李海林：这几项权利如果都赋予了校监，这个校监实际上就有了比校长更大的权力。慢慢地，他很可能就有了指挥校长的动机。即使他没有这个动机，其他人会有，学校里会有精明的人看出来校监所拥有的巨大权力，能控制校长。这样，这所学校就有了两个头头。这是办学校的大忌。办学校，就不能有两个头头。有两个头头，就会矛盾丛生，该管的事没人管，想管事的人管不了。

访客：公办学校也有这样的校监吗？

李海林：公办学校的投资方是政府，政府有一系列的制度来保证校长按照投资方（也就是政府）的意愿来办学。第一，教育行政部门对学校有许多制度和常规管理行为。第二，原则上每一所学校在校长之外还有一个党支部书记，这个书记除了管党务之外，就是起到对校长的监督作用。第三，现在各级政府都在推行督学制，这个督学既督政又督学，督政就是监督政府落实关于教育的政策法规，督学就是监督学校，监督校长。

/ 校长是董事长最重要的同盟、最忠诚的合作者 /

访客：听你说完，我感觉比较系统、正规了。

李海林：归根结底，还是要问，你作为投资方，到底想要什么？如果是想要把这所学校办好，所有的事情你就只考虑一条就可以了：在什么情况下，校长才能把学校办好？这样做，校长能把学校办好，那就去做；那样做，可能给校长添麻烦，让他分心，那就不做。所以你必须分辨得出，什么样的举措其实只是因为不放心而做出的，那你就要控制自己。作为投资方，你要明白，你不要把校长的手脚捆住了，不要成为校长的绊脚石。据我观察，现在好多民办学校的老板，实际上成为民办学校校长办好学校的最大障碍。我想，这是这些民办学校老板绝对没有想到的事。民办学校校长花了很多的精力让老板高兴、认可，如果把这些精力用在教育教学和管理上，可能更有利于办好学校。所以，民办学校投资方最重要的素质，就是拿得起放得下。拿得起是指对这所学校有明确的目标，放得下是指放手让校长掌控大局。

访客：你今天这一番话对我也是一个教育。我过去从未想过这么多，觉得办学校就是把房子建好，找一个校长就可以了。

李海林：办民办学校，最重要的就是处理好投资方与管理方的关系。对董事长来说，你要考虑的问题是“利益”。在所有的人中间，与投资方利益一致性最大的就是校长。董事长的利益就是把学校办好，这是董事长最大的利益之所在。而校长呢，如果把学校办好了，什么都好说；如果学校没办好，说什么都没用。从这个意义上来说，校长是董事长最重要的同盟、最忠诚的合作者。

访客：哈哈哈。你们董事长找你来当校长，算是找对人了。

李海林：那是。民办学校的校长不好当啊！既要有读书人的品位，又要有经营意识，还要有侠义之气。

访客：那是那是。你概括得不错。收获很大，收获很大！真是听君一席话，胜读十年书。下次我遇到问题再找你。

李海林：你是成功人士，生意做得这么大，比我牛多了，一点就通。祝你生意兴隆，工作顺利，学校越办越好！

2017 年 5 月

我们可能有什么样的未来

——答褚清源问

褚清源是《中国教师报》的年轻记者。我们是2017年5月在北京参加一个研讨会的时候认识的。会后我上网查了一下褚清源的情况，才知道，这是一个长期关注民办教育发展，尤其是民办学校校长和教师群体的青年学人，其思想、观点很有前沿性，对很多实际问题很敏感，视野很广。所以回到上海以后接到褚清源的电话，说要专门来我们学校采访我一次，我欣然接受。褚清源显然是下过案头功夫的，列有正式的采访提纲。整个采访就是围绕职业校长这个主题，依次就提纲列出的问题进行问答。下面是当时采访的实录。

/ 何谓职业校长 /

褚清源：最近我对职业校长这个话题比较感兴趣。你对我提出的职业校长这个概念怎么看？你觉得何谓职业校长？

李海林：你提出职业校长这个概念，当然是相对“校长”而言的。就字面意思来说，两个概念没有什么本质不同，校长是一种职业，所以校长本来就有职业校长的意思。但你在校长这个概念之外，再提出职业校长这个概念，肯定是针对“校长”在当下的某些特定含义而言的。是这样吧？

褚清源：是这样的。

李海林：那我们来看看校长这个职位在当下的一些特点，就可以反推出你提出的职业校长到底指的是什么。在当下中国，校长这个职位有如下一些特点，你看看我概括得如何。

第一，中国校长的最大特点在于，他是教育行政管理部门行政命令的一个执行者。中小学的校长，其实都可以说是不同层级的教育局的职员，他们的职责就是不折不扣地执行各个层级教育行政管理部门的指令。这种情形自然有它的优势，但同时也带来了许多弊端。

第二，由这个特点所决定，中国的校长们最看重的其实是对上级的政策、文件和指示的理解和执行能力。校长要处理的主要关系，其实是与教育行政管理部门的关系。以我个人的体会来说，这也是非常不容易的，也需要非常小心和非常智慧才能处理好。但这是一种宽适应性的智慧，在一些理论著作中，被称为“一般知识和技能”，或者叫作“普通知识和技能”。当然，也不是说校长完全不需要专业知识，但在实际中，专业知识并不是当上校长的必要条件，有些校长谈不上有多么丰富的专业知识，但校长当得也不错。原因很简单，其实对校长来说，有的时候工作的关键是要理解和执行上级指令。这是很多地方校长最重要的能力。

第三，中国校长作为管理人员，其实只不过是学校管理架构中的一个环节。在办学涉及的方方面面中，其实有相当一部分并不由校长来管，例如，办学首先需要建房子，需要添置设施设备，实际上，这些事情几乎全部是教育局在办，校长几乎不用操心。教育教学看上去好像应该全部是校长的事，但其实大部分也还是由教育局在管。课程就不说了，也是由教育局在管。教育局的各业务科室，其实管的就是这样的事，而各级教研机构也管着学校的教学事务。教师？有人事处在管着。科研？有科研处或研究院在管着。招生？有招生办在管着。财务？有计财处在管着。校长管什么呢？校长其实只是一个项目经理，把这些事综合起来协调处理。有校长自嘲是包工头，其实说得是蛮准的。

第四，一般来说，教育局任命你为校长，你就是校长；没有任命你为校长，你就不是校长。这个跟很多职业是不一样的。例如医生，这个职业不是卫生局任命的，你任不任命，我都是医生，只要我在医生这个岗位上，也没有做其他职业的工作，我都可以说自己的职业是医生。但如果没有人再任命我为校长，我就只能说我曾担任过某某学校的校长，我再说自己的职业是校长，恐怕会被人当作一个笑话。所以大学里面设置有导演专业，但没有校长专业，原因即在于此。在人们的心目中，校长是一个职务，而不是一个职业。

如果以上的概括大致不离谱的话，我想，你所谓的职业校长，主要强调的是这么几个方面。

第一，职业校长应该拥有充分的办学自主权。职业校长当然不可能摆脱教育行政部门的管理，但他主要是依据自己对教育教学的理解和经验，依据教育教学的规律来决定自己的办学方向和策略。职业校长直接面对人们的教育需求，研究人们的教育需求，围绕如何满足人们的教育需求来办学。这正如职业经理人，他们当然要研究国家的经济政策，甚至要研究各级经济管理部门甚至行业管理部门的最新动向，但他们并不直接执行这些部门下达的指令。最终决定他们做什么、怎么做的，是人们的消费需求。这就是职业经理人的职业性之所在。这里所说的“办学自主权”不是说校长想怎么办就怎么办，而是说，最终决定校长办学策略、办学行为的，是教育对象本身，而不是教育行政管理机构。

第二，职业校长之“职业”，就是“专业”，就是“专门性”的意思。职业校长就是指掌握管理学校、发展学校的专门知识和专门技能的人。从这个意义上来说，职业校长就是“专门校长”。反过来说，现在许多校长可能是专业的，也可能是不够专业的。你所谓的职业校长是否就是强调校长的不可替代性？强调校长这个职业的专门化程度？

褚清源：有这个意思。

李海林：刚才我说了，职业校长最直接的含义，就是拥有管理学校、发展学校的专门知识和专门技能的人。没有这些专门知识和技能的人，算不得是职业校长。职业校长是不可替代的，不是随便找一个什么人，例如，很有行政经验的行政干部或者书教得很好的普通老师就可以当的。

第三，职业校长更有独立性。我们来比较一下。通常来说，一所学校在校长到任之前，其实已经有一套管理体系了。在校长之上，有教育局及其附属机构的管理体系存在；在校长之下，也有学校内部的管理体系存在。任何校长到任后的第一件事，其实就是摸清这一套管理体系，顺应这套管理体系的运作。如果要改革，那也必须以这一套管理体系为基础，逐步调整，绝对没有推倒重来的。这个校长走了之后，原有的这一套管理体系并不会随着校长的离职而停止运作，它们仍然在发挥作用。这就是我说的，校长只不过是学校管理体系中的一环。但是职业校长不是这样，职业校长都有一套完整的管理框架。职业校长到一所新学校的第一件事，就是建构自己的管理框架。职业校长之所以被投资人聘请，首要原因就在于他有建构这个管理框架的能力。如果这个管理框架已经建立起来了，这个校长的作用至少就减少了一半。这就是现在有些民办学校的校长被称为“执行校长”“分校校长”的原因。学校的管理框架已经被其他人建立起来了，校长被聘请来接这个盘子，在已经建立起来的学校管理框架内“照看”着这所学校，这样的校长就叫“执行校长”。“执行”什么？执行已经建立好的管理框架。

第四，职业校长凭什么做校长？如果教育局没有任命你担任一所学校的校长，或者投资人没有聘请你担任这所学校的校长，你尚未形成一个身份认同，恐怕你就不好意思说自己的职业是校长。但是，职业校长即使不再担任某一所学校的校长了，却可以寻找或等待下一个校长岗位，他对自己有这个身份认同。一个人的职业是不是校长，不是由他之外的另一个人或另一个组织决定的，而是他自己的选择。正如一个医生是不是选择医生为职业，是由他自己决定的，主要看他是否具备医生应有的特殊知识和技能。

总之，我理解你提出的职业校长这个概念，它有四大特点：一是具有高度的办学自主权，二是具有学校管理的专业知识和技能，三是能相对独立地建构学校管理体系，四是有明确的角色认知和身份认同。符合这四个特点的校长，即我们所说的职业校长。这个概念之所以有价值，是针对目前中国绝大部分校长的一些职业缺陷而言的。

诸清源：按照你的分析，是否可以说，我们所说的职业校长，其实特指民办学校的校长，或者说，是民办学校校长中的优秀分子。

李海林：可以这么说。所以我觉得，职业校长这个概念的提出，是民办学校校长的一种身份自觉。在我看来，一大批职业校长的诞生，是中国民办教育得以健康发展的前提条件，是民办教育的福音。不管是政府有关部门，还是民办教育投资人，都应该大力促进这一职业队伍的发展和壮大。

诸清源：民办教育已经发展到需要一批职业校长的阶段，但民办学校校长和民办学校投资人，都没有意识到这一点。

李海林：是的。现在民办学校投资人也知道找校长很重要，但其视野，主要还局限在公办学校的在职校长或退休校长身上。其实，并不是公办学校学校的校长就一定适合当民办学校的校长。公办学校的校长所需要的素质，民办学校的校长都需要，但民办学校的校长所需要的素质，公办学校的校长并不一定具备。

褚清源：那民办学校的校长应该具备哪些方面的素质？

李海林：第一，民办学校的校长应该有宏观分析区域教育发展的视野和能力。公办学校的校长有这个视野和能力很好，没有也不影响办学，因为教育局会替你把控这个方向。民办学校特别强调天时、地利、人和。我们看现在发展得好的民办学校，都是在一个地区的教育发展到特定阶段，在一个特定的背景下，抓住了机遇，趁势而上，抢占了制高点，抢占了发展的主动权。这是民办学校发展的特殊性之所在。那么这个天时、地利、人和，都需要民办学校的校长敏锐地观察和把握。这就是我说民办学校的校长要有独立的宏观分析能力的原因。具体说，就是那种对区域教育发展状态、发展阶段的观察力、判断力和预测力。

第二，对教育、对学校，要有自己系统的思考和判断。照我看来，职业校长所做的事情，首先是分析一个特定区域内教育发展的现状和未来，然后从教育体系、办学体系中，拎出与区域教育发展高度适应的诸般要素，集中力量，全力突破，获得相对优势，从而带动学校的全面发展。这个能力，公办学校的校长也要有，但没有也不至于影响他当好这个校长，但民办学校的校长如果缺乏这个能力，则几乎寸步难行。职业校长之所以很“职业”，这是一个非常重要，而且往往很容易被人忽视的方面。

第三，民办学校的校长要有明确的学校运营的意识和能力。这句话，我听很多业内人士也说过。但仔细理解他们说这句话的意思，主要是学会如何赚钱。我觉得问题远比赚钱复杂。具体说，一要有成本意识，要算成本。二要有品牌意识，要花大力气提升学校的知名度和影响力。三要有风险意识，要有一套风险防控措施。这三个方面综合起来可以称为学校运营的意识和能力。

第四，作为一个职业校长，民办学校的校长要高度重视与学校投资人关系的维护与调适。这正如一个职业经理人要高度重视与董事长关系的维护与调适。这是一个非常复杂的问题。现在一些民办学校的校长，对民办学校投资人主要持两种态度，一种态度是一味地逢迎董事长，以董事长高兴为办学的最高原则，这是不对的，这种做法不是对投资人的真正的维护，这种态度也不是职业校长应有的态度。另一种态度是疏离和背弃，如果董事长不喜欢自己的所作所为，就以一种“此处不留爷，自有留爷处”的态度“冷处理”，这也是不对的。这是对学校投资人的不负责任，也是对自己、对自己的事业的轻视。

褚清源：我觉得你说到一个非常重要的问题，也正是我想跟你探讨的：职业校长应该如何处理好与董事长的关系？

李海林：这是一个很敏感的问题，但我认为，这又是每一个圈内人都需面对的话题。与其私底下独自纠结，不如公开坦率地研讨。我想要强调一下这个问题的重要性。不管是校长还是董事长，都应该清晰地意识到这个问题的重要性。我甚至认为，这是校长首先要处理的关系。目前，从校长的角度来说，第一，应该深入地了解、把握董事长的核心利益。这个核心利益不是董事长高兴不高兴，而是事业发展顺利不顺利。在这个问题上，校长与董事长的主观认识不一定是一致的，因为他们关注的点可能是不一样的。董事长可能更多的是从规模、品牌等外在因素来考虑的，校长可能更多的是从课程、师资等内在因素来考虑的。实际上是必须先有课程、师资等因素的优化，然后才有规模和品牌等的提升。如果没有课程、师资等因素的优化，规模、品牌的提升可能就会落空。当出现这类分歧的时候，校长要坚守自己的专业立场，不能一味逢迎董事长当下的要求。为什么要这样？因为这是对董事长核心利益的真正负责。投资人之所以不惜重金聘来职业校长，就是要他从专业立场上来替自己把好这个关，并提出有价值的意见。在董事长周围，直接听命于他的指令、为他办事的有很多人，不需要多校长一个。校长真正的价值，对董事长来说不可替代的价值，是从专业角度为他提供全面的高质量的服务。坚守专业立场，这是职业校长安身立命之本。我甚至觉得，这是区别一个人是不是职业校长的关键。

第二，与董事长处理好关系的根本，是把学校办好。把学校办好了，就能从根本上得到董事长的信任，也才能具备与董事长对话的资格。学校办好了，所有的做法都可能成为经验，所有的问题都可能被包容；学校没办好，所有的理由都可能成为借口，所有的经验都可能受到质疑。民办学校的校长作为职业校长，是拿结果说话的。对于这一点，任何想成为职业校长的人，都必须有清醒的认识。

第三，我想特别强调民办学校校长的工作态度。具体说就是对工作的投入程度。其实，大多投资人是能体谅校长的艰难的。据我的观察，如果董事长对校长的工作投入是认可的，双方就有了继续合作的基础。在目前这种情况下，民办学校的校长的确可以把在办学过程中遇到的相当一部分困难，归结于投资方这样或那样的问题，但投资方聘请我们来，不是要我们指出问题的，而是要我们解决问题的。我们应该以问题解决者的姿态面对这些问题，而不应一味抱怨。有没有这个姿态，主要看工作是否投入。对学校遇到的困难，要不惜一切代价努力去克服，要勇往直前，不要畏缩，不要徘徊，不要爱惜自己的羽毛，不要怜惜自己的力气。这就是我所说的投入程度。

第四，民办学校的校长要比公办学校的校长更重视个人的廉洁问题。我加入民办教育这个圈子三年多，从没有听见任何人在任何场合说过民办学校校长的廉洁问题，好像这个问题在公办学校更容易出现。我觉得这是完全错误的。民办学校的校长也有个人利益问题，但个人利益问题都要于就任之前在与学校投资方的谈判中彻底解决，并在合同中明确加以固定。一旦就任民办学校的校长，就不能有任何个人利益的考量，更不能有任何私念。我个人的做法是，民办学校的校长在本校内不得领取任何补贴，不得支出任何私人经费，不得获取任何物质福利。在学校钱财的管理上，坚持有权者不用钱，用钱者不给权。廉洁，是公办学校校长的立身之本，也是民办学校校长的立身之本。一旦在这个方面丧失学校投资人的信任，则俱往矣。

第五，一般来说，民办学校聘请的校长，往往是有一定资历、有一定影响力的教育界人士。民办学校办学之初，需要借助校长的既有名望，扩大学校的知名度，打开学校的工作局面。这是学校投资人最希望看到的。民办学校的校长应该有这个意识，应该善于利用已经在业界积淀下来的声望，将个人资源转移到学校上去。

以上是从校长这个角度来说的。处理好校长和董事长的关系，是两个方面的事，董事长也有要做到的基本要求，否则，这个关系是难以处理好的。有的时候，对董事长这方面的一些要求，对处理好两者的关系更为重要。我们另找一个时间专门谈这个问题。

/ 职业校长从哪里来 /

褚清源：你好像很强调民办学校校长的独立性。我想问具体如何理解职业校长的独立性？

李海林：我所说的民办学校校长的独立性是一个学术概念，它主要是指以下几点。

第一，民办学校校长的职业来源不是外赋的，而是由校长自己赋予自己的。民办学校校长的权利是由学校投资人赋予的，投资人聘请你担任一所学校的校长，你才可以支配学校的人财物。但是，民办学校校长这个职业，却不是由投资人或任何其他人赋予的，而是由校长本人自己确定的，是由于你具有民办学校管理的全面知识和技能以及个人意愿。这一点虽然只是名义上的，但对职业校长的独立性却至关重要。换一句话说，无论你是否在校长这个职位上，你都是一个职业校长。这就是独立的校长。

第二，民办学校的校长要独立掌握学校管理的所有方面，从创立学校的环境分析及立校之策的确定，到学校基础建设的设计、实施，到搭建学校治理框架、组建队伍、课程建设、教学管理，到制度建设、文化营造、品牌树立、奖惩安排等，再到学校外部关系的维护与调适等。一句话，民办学校的校长要有不依赖于他人独立管理一所学校的全过程的知识、技能和经验。有了这些就是独立的校长，就是职业校长，没有这些就不是。

第三，民办学校的校长对教育、对教育与社会的关系、对学校管理的基本准则、对自己的基本评价，都有比较稳定的看法和态度，不因他人看法和态度的改变而改变，也不因外部环境的变化而变化。听上去这样的校长好像很固执。是的，职业校长常常给人固执的印象。一方面，职业校长是“职业”的，他最了解这个职业的规律，他对这个职业的一些看法和做法，带有强烈的探索性，我们应该允许这部分人对自己职业有新认识，有不同于他人的认识。换一句话说，允许他们固执。另一方面，如何办教育，没有唯一，没有最好，只有更适合。适合不适合，不在其位不可能做到最了解，最清楚。所以，我们有选择专业人士的权利，但一旦选择了，就不要试图改变他。改变一个专业人士，不管是对社会，还是对他本人，都不是好事。

褚清源：是的，职业校长有自己的特殊性。民办教育发展到今天，迫切需要职业校长的崛起，遗憾的是，今天的职业校长群体还没有真正成长起来，这是为什么呢？

李海林：刚才我说，职业校长的崛起，是民办教育的福音。我这是就职业校长的角色定位而言，而不是说现在已经有了这样一支职业校长队伍。不是这样的。这正是我想强调的。民办教育的发展，热切呼唤职业校长队伍的诞生，但现实不如人意，职业校长队伍尚未形成，我觉得有两方面原因。一方面，现在大多数民办学校的校长还没有"我要成为职业校长"的意识，还没有意识到这是自己职业发展的方向，没有意识到职业校长要具备什么特质；另一方面，整个学校投资人群体还没有意识到职业校长的重要价值，没有意识到职业校长是民办教育发展到新阶段呼之欲出的群体。职业校长是需要培养的，他的成长需要一个过程。这个过程，需要民办学校的校长和民办学校的投资人两方面共同努力。

褚清源：我想换一个角度来问你，在你看来，什么样的校长不适合做职业校长？

李海林：哈哈哈，这个问题不好讲，容易得罪人哦。

褚清源：我看你对这个问题好像有思考。你是学者，就从学者的角度来谈谈你的研究成果好了。

李海林：看来我不讲还不行。大致上我觉得，首先，职业校长要真正面对市场。那些披着民办学校外衣的"假民办"学校的校长很难成为职业校长，因为这样的学校有太多可以凭借的资源和政策优势，没有生存在真实的市场环境里。这样的校长，若到真正的民办学校里去，要么彻底改变自己，要么就玩儿不转。

其次，职业校长要有专业胆识，要有魄力，要有独立决策的能力，要学会自己做主，自主决策。如果一位校长凡事总是去请示董事会，让董事会替自己做决策，总是在寻求别人对自己的管理，显然是有问题的。从这个意义上来说，所谓的“执行校长”“分校校长”，是很难成为职业校长的。

再次，将民办学校当作自己退休生活的补充或公办学校校长待遇延续的校长，很难称为职业校长。职业校长之所以是职业校长，重在创业。有创业激情和创业能力的校长，才称得上是职业校长。不知道我这样说会不会有点儿过。

褚清源：那现在校长们如何才能顺利地实现向职业校长的转型？

李海林：我想，你实际上指的是从公办学校出来的校长们如何实现向民办学校校长的转型。我觉得这是一个大题目。但如果只是从职业校长的角度来谈，我觉得倒比较简单。第一件事就是对学校投资人要有一个全面的研究和了解。如果这是一个教育集团的话，则对集团的文化、集团的办事规则和流程要有一个具体的把握。第二件事就是全面梳理一所学校的办学环节，找出哪些是自己比较熟悉的，哪些是不熟悉的，对自己的经验迅速查漏补缺。这两步，是尽快进入职业校长这个角色的前提，也是关键。其他方面则可以在实践中逐步成长。

褚清源：职业校长的成长是需要土壤、需要环境的。当下，职业校长的生存环境会受到哪些因素的制约？

李海林：前面说过了，不管是校长本人还是学校投资人，都没有认识到职业校长的崛起迫在眉睫，都没有意识到校长职业化对民办教育发展不可或缺的重要意义。现在确实没有看到一大批数量足够、年龄正值事业高峰、未来发展可清晰期望的职业校长队伍。从全国来看，民办教育界零星有一些名校长，但他们的名望基本上都来自他们过去在公办学校的成就，现在的名望，基本上是之前名望的余响。民办教育界内部都还没有建立校长职业化的理念，社会就更不会考虑如何为校长职业化提供土壤了。还差得远呢！

如果单从理论上来设计，我觉得校长职业化，从社会这方面来说，在以下几个方面有待改进。第一，要形成民办教育大发展的局面。职业校长的发展，是建立在民办教育发展的基础上的。民办教育发展的规模、空间、质量、社会影响力，乃至于财力、物力等，都决定着职业校长的数量、待遇、事业发展空间和前途。一个空间狭小、政策摇摆不定、声名不佳的民办教育环境，不可能需要也不可能产生所谓的职业校长。

第二，现在国家有了《中华人民共和国民办教育促进法》，这个法其实是规范国家、政府与民办教育的关系的。但民办教育还有另一个领域迫切需要法律规范，那就是民办教育内部的治理关系，核心是学校管理者与学校投资者的关系。要对民办学校校长的权力边界做出明确的界定，同时也要对民办学校校长的责任以法律形式加以明确。民办学校的校长要摆脱现在一事一议、一人一议的聘任方式，要有法可依、有法可究，这才真正叫作职业化。这件事情，不管是对学校管理者，还是对学校投资者，都是一种法律的保护。

第三，《中华人民共和国民办教育促进法》对民办学校教师的地位有了明确的规定，民办学校教职工在业务培训、职务聘任、教龄和工龄计算、表彰奖励、社会活动等方面依法享有与公办学校教职工的同等权利，但对校长在这些方面的权利却缺乏表述。教育行政管理部门，在校长这个职业的公权力方面，对公办学校校长与民办学校校长应该一视同仁。现在在国家层面的教育工作者表彰中，我们还可以看到民办教育者的身影，但在基层，民办学校校长基本游离于这套系统之外。这显然是不利于民办学校校长的职业发展的。

当然，以上都是从社会土壤的角度来说的，民办学校校长的职业发展，关键还是看自己是否努力，是否争气。

褚清源：最近两年，有不少公办学校的名校长纷纷加盟民办教育，比如，四川成都的蓝继红、山东潍坊的赵桂霞，当然还有您。还有一些是一从公办学校退休就受到了民办教育集团的邀请。这是否意味着民办教育正在成为教育人才的高地？

李海林：哈哈，远不是这么回事。第一，相对于民办学校校长这个大群体而言，像蓝校长、赵校长这样的名校长太少。人才高地应是由一大批人构成的，而不是由零星几位有名望的校长来点缀的。第二，这些名校长之名，不是在管理民办学校的过程中建立起来的，而是在公办学校形成的。这些教育人才的才能与民办教育缺乏血肉联系，还有待于转型之后才可以为民办教育所用。第三，现在民办学校的校长队伍尚没有形成，基本上是散兵游勇，既没有基本的、稳定的来源，又没有统一的、明确的任职标准，也缺乏共同的价值观和一致的目标追求，我觉得整体来看，尚没形成职业自觉，这就谈不上人才高地。

有一两个名校长加盟，就产生人才高地的感觉，绝对是自我感觉良好的表现，是很危险的。我的感觉恰好相反。民办学校校长这个群体，不管是事业气魄、专业视野、管理水平，还是心理成熟度，都没有办法与公办学校校长群体比。这个结论，首先是对我自己反思的结果。我从公办学校校长转型为民办学校校长，整个心理状态都变了，变得焦躁，变得急功近利。我需要锤炼自己，才能重新获得平静。

至于公办学校校长退休后重新被民办学校聘用，对当前民办教育的发展确实起到了很大的作用，现在有相当一部分的民办学校就是采用这个办法解决了管理人才缺乏的问题。但这是救急之法，不是解决民办学校管理人才缺乏问题的长远之计。这一点似乎尚未被民办学校投资人意识到。

民办学校的管理人才，要靠自己的培养。民办学校的校长要长期在民办教育里摸爬滚打，逐步从民办学校基层成长起来，直至校长的位置。这样的人才，才是真正的职业校长。像我这样中途进入民办教育，然后直接进入民办学校管理高层，终究是成不了大气候的，底蕴不厚，走不长远。我对自己有清醒的认识。

诸清源：民办学校与公办学校不同，民办学校有自己的创始人。对于学校来说，创始人精神，也是一种重要的教育资源和文化源头。你怎么看？

李海林：职业校长应该从创校开始。这正如大多数职业经理人都有一个创业过程一样。没有经历过创业过程的职业经理人就没有含金量。我们过去一直认为，学校文化是专家设计出来的，或者是校长在办公室苦思出来的，或者是在会议室研讨出来的。我个人的体会，都不是。学校文化是创校团队干出来的。在创校过程中，学校创始团队会遇到许多困难，会经历许多痛苦和磨难。在这样的痛苦和磨难中，校长会从自己的切身体会中提炼出一种精神力量去战胜这些困难，和大家一起去经受这些考验，克服这些困难，然后走出困境。这种精神力量就沉浸在创始人团队中，形成创始人血液里的东西。对这些东西，创始人及其团队会特别在意，特别看重。这样的东西，就是学校文化，我在一篇文章中称之为学校 DNA。

这样的东西，没有亲身经历过创校过程的人理解不了，感受不了那么真切，这就需要创始团队在学校管理实践中进行传承和示范。一个校长要顺利实现职业化转型，完整地走完一所学校的创校历程不可或缺。从这个意义上来说，创校的磨难，是一个职业校长的孵化过程，职业化，是创校磨难的职业回报。

/ 如何解读当前民办教育的生态 /

诸清源：民办基础教育领域有这样一个现象，不少地方的民办初中都是当地的领跑学校、热点学校，每到招生季可谓一票难求。你怎么看待这一现象？民办教育在推进教育改革层面具有什么样的作用？民办教育真的在领跑公办教育吗？

李海林：我加入民办教育时间太短，还要再继续观察一段时间才能谈论这样的具体问题。但总的感觉是，民办教育圈内人自我感觉太好。自我感觉好没有问题，问题是感觉好的依据是什么？如果这种感觉来源于你所说的“一票难求”，那我觉得这种感觉良好孕育着危机。

褚清源：愿闻其详。

李海林：民办教育在中国有特殊的时代背景和社会背景。一句话概括，它是公办教育的补充。现在虽然有新的说法，但底子没有变。我觉得这一句话把民办教育的性质说到底了。民办教育的价值、存在的必要性、发展空间、未来前景，都在这句话中了。

国家对民办教育的这一个定位，就从根本上决定了民办教育要选择与公办教育不一样的办学策略。理由很简单，公办教育有强大的政府支持，有永不枯竭的社会资源。如果我们试图与公办学校展开竞争，而不是错位发展，不管从哪种意义上讲都是不明智的。公办教育担负着贯彻国家战略、维护社会公平和社会稳定、引领意识形态和社会风尚的责任。如果民办教育在与公办教育的竞争中，影响了公办学校正常履行这些方面的责任，则必将扰乱一个区域内的教育秩序，其发展也将受到限制。

至于你所说的“领跑学校”“热点学校”，大概指的是那些升学率高的学校吧。我不否定这些升学率高的学校有一些确实是好学校，我也不认为升学率高本身有什么不好。但是，一方面，将应试搞得好、升学率高的学校等同于好学校是片面的；另一方面，也是更重要的方面，这个应试搞得好、升学率高是怎么来的？如果是科学规划，系统安排，为每一个学生量身打造复习计划，提高每一堂课、每一次作业的典型性和思维含金量，这诚然是可贵的，也是好学校的一个方面的表现。但是你看看现在一些“领跑学校”“热点学校”最“热”的是什么？几乎都是生源。

这是现在业内都知晓的公开的“秘密”，一所学校要想成为“领跑学校”“热点学校”，最有效的招数就是抢生源。李镇西曾提出过一个非常有价值的问题，我称之为“李镇西之问”：为什么把病情最重的病人治好是好医院的标准，而所谓最厉害的学校往往要抢好的生源？如果一个医院只抢感冒病人来治，然后统计自己的治愈率是100%，估计立马就会关门。而一所学校抢来一个地区所有好生源，然后吹嘘自己教学质量高，则无人质疑。

当然，公办学校也可以这样，但公办学校有教育行政部门的监管，会受到诸多制度上的制约，另外，公办学校还必须顾及其他同类学校的监督和意见，所以整体上不如民办学校在这些方面“肆无忌惮”。这就是近年有一些民办学校成为当地“领跑学校”“热点学校”的最主要原因。

褚清源：你的意思是不是说，抓质量、抓升学率本身是没有错的，但手段必须正当，其中抢生源肯定不属于正当范畴。

李海林：第一，质量不等于升学率。升学率高不一定就等于有质量，升学率不高不等于就是没有质量。上海近年推出的新优质学校，升学率就不是最高的。这个道理太简单，就不费口舌说了。第二，正当的手段是什么？就是从学生的实际出发，关心每一个学生，发展学生的每一个方面。不是只关心能提高学校升学率的学生，不是只关心与考试有关的方面。就这么简单。如果坚持了这个正当手段，同时也关心考试之外的教育内容和教育目标，那升学率高才是有价值的。必须强调一下，我并不反对抓升学率，我本人在办学的过程中，也花很多力气在抓升学率上。但是，一方面要考虑手段的正当性，要考虑升学率之外的基本教育内容和教育目标，另一方面，抓升学率是过程，是策略，而不是我的目标。对于“新纪元”这样一所新学校来说，我先要抓好升学率，以此建立广大学生和家长对我的信任，从而获得学校的立足之本，获得广泛的社会支持，获得更多的社会资源，然后才有力量来把学校办得更好，才有力量把升学率之外的内容和目标逐步达成。总之，升学率是我的策略，是过程，我不会把它变成学校的办学目标。

褚清源：你这一段话，我觉得把升学率与教育目标的关系说清楚了。

李海林：说到底，追求升学率是过程，是策略，不是教育的目标。另外，追求升学率手段要正当。民办学校追求升学率，如果手段不正当，在升学率之外别无其他教育内容和教育目标，就称不上是好的教育、好的学校。而在这方面，我必须公正地说，民办学校比公办学校做得其实更差。正是出于这样的分析和判断，我觉得，你所谓某些地方的“领跑学校”“热点学校”，其中有相当一部分终究是走不远的。我感觉，一些地方的政府已经开始意识到这个问题了。任由民办学校毫无顾忌地推行应试教育，已经开始冲击公办教育的正常秩序，从而影响了公办学校所承担的维护社会公平、社会稳定，引领意识形态、社会风尚等方面的使命。这一点，我觉得一、二线城市，甚至一些三线城市的政府官员已经开始反思了。

褚清源：这么说来，当前民办教育的意义和价值何在呢？

李海林：先回到你那句话，民办学校在领跑公办学校吗？我的回答很简单，没有，完全没有。我们从事民办教育的同志，发现我们一些学校的升学率比一般公办学校要高，生源更广，甚至在一些地区成为家长们趋之若鹜的学校，就认为我们领跑了公办学校，认为我们就是领先于所有公办学校的好学校。这种认识，一方面太短视，太小气，太没有大志向，太没有大胸怀，也太没水平；另一方面，也太没有危机意识，太麻木不仁。我感觉到，这种情况不会长期存在，因为这和国家发展民办教育的原旨不符。

那么，民办教育的发展前景、发展方向在哪里呢？

为什么现在在抓应试、抓升学率方面，有些民办学校做得比公办学校要好？原因其实在于，公办学校一方面要满足家长的需求，另一方面还要受教育行政部门的制约。民办学校呢，受教育行政部门的制约相对薄弱，所以对家长的需求最敏感，反应也最快。现在家长们对学校的最大需求是什么？就是升学。这就是现在一些地方的民办学校能成为“领跑学校”“热点学校”的社会原因。

现在的问题是，家长的教育需求正在悄然发生变化。

现在有越来越多的人不满于现行的教育模式。这部分人，各阶层都有，尤以知识阶层和企业主阶层，以及有海外教育背景的人为主。这部分人对于教育的新需求，在公办学校其实是无法得到满足的。公办学校是一个庞大的体系，牵一发而动全身。更重要的是，公办学校其实缺乏响应家长需求的机制，更多的是响应政府的需求、响应教育行政部门的指令的机制。这个空缺，就历史性地留给了民办学校。

为了生存，民办学校天然地具有一种关注家长需求、响应家长需求的动力。由于它的分散性质，也由于它的单层管理模式（董事长 — 校长），它天生具有及时响应家长需求的机制。正是在这个意义上，我又对民办学校的未来充满信心。说得更透彻一点儿，实现民办学校的价值和意义，希望并不在民办学校本身，而在家长教育需求的变化。家长的教育需求正在发生变化，当这种变化达到一定规模的时候，民办学校就会启动这一机制。那时，民办学校才有可能真正领跑公办学校，才能实现自己的真正价值。

只是，我们从事民办教育工作的同志，可能现在并不一定意识到，或者意识到了，但等不及、不愿等、不愿做那么长远的考虑。

褚清源：如果以一种批判的眼光审视今天的民办教育行业，你会怎么解读今天的民办教育生态?

李海林：如果你指定只能从批判的眼光来审视的话，那我可以说这么几点。

第一点，民办教育想当下的时间比较多，想未来的时间比较少。我当然知道这也有必然性，因为民办教育遇到的紧迫问题还是生存问题，而生存问题都是当下的，连生存的问题都不能解决，想未来的问题也没有意义。但是这是对某一个人、某一所学校而言的。对于整个民办教育界，一定要有一部分人在研究民办教育的未来。更何况，未来如何这个问题没有一个定数，我们在考虑当下的问题的时候，其实就失去了准星，失去了方向，终究也会失去持久的动力。民办教育整体正呈现一种急功近利的态势，这是我这个新兵的第一个印象。

第二点，公办学校之间也存在竞争，但民办学校之间的竞争更为激烈。真正成熟的竞争是各个办学主体基于清晰而充分的定位，进而在同类学校之间做出的比拼。大部分民办学校现在的定位还不清晰，还处在模仿公办学校的阶段，因此，民办学校的竞争是双重的，既有民办学校内部相互之间的竞争，又有与公办学校的竞争。所以民办学校面临的，是非常残酷的竞争环境。这种竞争使民办学校失去了与其他办学主体协调发展的意识，也使得自己的办学行为失去了可持续性。这不是一个好的生态。

第三点，民办学校可持续发展的基础在哪里？在家长那里。民办学校的投资人和管理者都已经意识到了这一点，都非常重视与家长的沟通与交流。但是，目前大部分家长都是盲目的。虽说现在“择校热”热到这个程度，但你去问问家长，你择校的时候，依据的是什么？是什么原因促使你一定要奔这所学校而去？你对这所学校的理念了解多少？对这所学校的课程了解多少？大部分情况下，答案是模糊的。实际的理由就是：大家都想去的，肯定就是好学校，所以我也想让我的孩子去。这样的家长，算不上明白的家长，算不上成熟的家长。但是，我们好多民办学校，就是被这样的家长群体包围着，享受着这样的家长的追捧，被这样的家长群体牵着走。我觉得这是不可持续的。在一定的历史背景下，一旦家长群体分化了，民办学校赖以生存的家长群体解散了，学校就会逐渐陷入困境。民办学校的优势各不相同，终究是以办学个性见长。相对应的，它的服务对象是特定的家长群体。只有这样，民办学校的家长群体才是稳定的。这一点，只要看看国外的民办教育发展历程就很清楚了。

褚清源：我要提的问题都提完了。你的回答拓宽了我对民办教育的认识视野。如果让你用一句话总结，你会说什么？

李海林：放在历史长河中来看，我们国家的民办教育才刚刚起步。我们现在所做的工作，都是在为后人打基础。但愿我们的后人有一个比我们更好的未来。谢谢！

2018 年 12 月